誰在帶風向、玩精準行銷

認知駭客

………如何操弄人心………

How Big Data Algorithms Shape Opinions and Alter the Course of History

使人和睦的人有福了。

CONTENTS
目 錄

ABOUT THE AUTHOR

關於作者

▼

「新知識（New Knowledge）」智庫的資料科學家暨資深電子假訊息分析師。曾參與美國參議院情報特別委員會「網際網路研究機構的策略與技巧」的撰寫，這是一篇有關俄羅斯在 2016 年美國總統選舉中，介入社群媒體之行為的報告。

Kris 為多個美國政府機構、非營利組織和大學，就假新聞、數據道德和數位教育方面的問題提供諮詢。在此之前的職涯裡，Kris 是一位學院派和數位人文主義者。曾在耶魯大學、科羅拉多大學博爾德分校、瑪麗華盛頓大學和查爾斯頓南方大學教授音樂理論與認知、電腦科學和數位研究課程，並擁有耶魯大學的博士學位。

ACKNOWLEDGMENTS

致謝

該如何撰寫這樣一本書的致謝感言呢？

如果研究和撰寫本書教會了我什麼事，那就是有些事情最好「私下」進行，如果可能的話，大家見面再說。因此，我決定向那些在這個項目上教育、啟發或以其他形式幫助過我的人，提供個人手寫的便箋，來代替公開致謝。同時也希望這張紙條能夠親自送給各位，並伴隨著飲料或餐點同行更好。

然而，其中有一群人因為太多了而無法一一感謝，但他們的影響力和推動力難以度量。其實指的就是我這些年來的所有學生，他們以辛勤工作、才華和讓世界變得更美好的願望激勵著我，謝謝你們。願你們每個人都能在宇宙中，發揮自己的作用，一起把人類推往正確的方向，就算只有一點點也好。

簡介：
從缺到豐富

▶ 訊息與宣傳問題簡史

自從有「訊息」開始，就有了假訊息。自從有了廣告之後，我們就開始試著分析「大眾心理」。而自從印刷機發明以來，我們又開始擔心大眾媒體受「腐化」的影響。然而在過去十幾年裡出現了一些全新的東西，它們所帶來的豐富訊息量是我們在十幾二十年前所無法想像的。

「推薦引擎」這類新科學，亦即基於個人訊息檔案，而由演算法選擇的內容，主導著現代的媒體格局。在這篇簡介裡，我們將釐清誤解並關注問題的核心，也就是訊息豐富度、人類心理學、用戶數據分析和媒體推薦演算法的交會點，亦即「宣傳（propaganda）」闖入現代社會之處。

▶ 目前的情況

你是否用過搜尋引擎尋找照片？或許你的部落格文章需要一個精準的標題、或是替賀卡找些風景照、辦公室派對傳單上使用的背景圖片等。通常搜尋出來的內容相當不錯，如果是在專業圖庫網站上搜尋（並知道如何設定搜尋條件），結果可能還會更好。

但你有沒有試過利用搜尋引擎來找「類型化」的圖片？請嘗試一下搜尋「醫生」，然後再搜尋護士的圖片，再搜尋教授、老師等，看到了什麼結果？

你可能會發現一些非常明顯的刻板印象：白髮蒼蒼的老教授穿著羊毛衫在黑板前講課、或是在黑板前對著熱情學生微笑的老師們；醫生穿著白

袍，輕巧的握著聽診器或在病歷上註記；身著藍色工作服的護士，也一樣拿著病歷與聽診器。這樣各位有概念了吧。

不過，隨便親自造訪一所學校、大學，或是一家醫院、家醫科診療室裡，你會發現實際上這些場所，很少會符合搜尋到的圖片。大多數學校、大學早就已經不用粉筆，改用白板和投影機了，能夠對成排整齊的學生進行演講的機會也越來越少（尤其是面對現在這些隨性的年輕學生們）。順帶一提，通常這些專業人士的穿著都會比較偏向非正式，因此實際情況當然也會比這些搜尋主題所產生的圖片更多樣化。

因此，搜尋引擎並不會為我們帶來「實際情況」，他們給的是我們「期待」看到的結果。經過人類撰寫編碼，加上來自用戶交流數據以及兩者不斷重複反饋循環組合後，這些搜尋的結果，漸漸變得更像我們腦中的「類化（generalization）」。亦即我們在腦海裡對人事物的「刻板印象」，構成我們選擇點擊的內容，而這些點擊便形成了搜尋引擎演算法所使用的原始數據。

反過來說，這些演算法會根據我們過去的集體點擊，形成預期用戶行為的「類化」，並根據這些數據，提供我們「最可能」會想將游標移過去點擊的結果。於是整個過程就是我們感知、類化、搜尋、點擊，機器感知（點擊）、機器類化、機器產生結果。

然而，這項流程並未就此結束。搜尋結果會被用在網路和印刷品上（這不就是我們一開始搜尋圖片的原因嗎？）。這些圖片慢慢的成為我們的「世界觀」背景裡的一部分，並進一步推動你我思想成形的類化，從而形成一個無限循環：人類感知→人類類化→人類行為→機器感知→機器類化→機器行為→人類感知→人類行為…並且在經過每一輪反饋循環

中，讓刻板印象變得更加刻板，現實也就消失了。但由於刻板印象變成我們在媒體大格局裡的一部分，因此在真實發生的意義上，「現實」也會因此逐漸形成。

不過，你是否注意到某些圖片的搜尋結果有點奇怪？

例如這些醫生圖片中男女比例如何？護士圖片的男女比例呢？根據《華爾街日報》報導，2012 年美國 32％的醫生是女性，而且這項比例正在上升 [1]，這跟你在搜尋結果所看到的男女醫生比例相符嗎？根據美國國家教育統計中心的數據，美國 49％的終身教職員工和 57％的非終身教職員工都是女性 [2]，而你的教授搜尋結果如何呢？

你的搜尋結果很可能會比現實更加刻板化。這點要歸咎於我們的大腦，因為大腦會對我們在世界中所感知的東西進行類化（分類），這些類化使我們能夠對世界做出預測，幫助我們更有效地與之互動。認知科學家還發現，當類化（也就是一般稱為模式）形成時，我們傾向於透過與其他模式所形成的對比，來定義這些模式。

換句話說，我們會更強調這些不同模式的差異，這點也往往使它們在大腦裡彼此的區別，會比在現實中的區別變得更加明顯。雖然這種在心中定義想法和分類的方法，通常對於思考是有所幫助的，但它也可能會透過加強我們對環境的「偏見」，轉而對付我們，其中更包括你每天可能

---

[1] Josh Mitchell，「Women Notch Progress（女性贏得進展）」，The Wall Street Journal，2012.12.04，www.wsj.com/articles/SB10001424127887323717004578159433220839020。

[2] 「Quick Take: Women in Academia（快照：學院裡的女性）」，Catalyst，2017.10.20，www.catalyst. org/knowledge/women-academia。

會遇到（類化）的媒體。當人類自身類化、機器再類化和媒體呈現的反饋「循環」上線時，這種偏差等於就是以接近光速的方式傳播和重新描述一切。

而這所有一切都會聯繫在一起，包括我們的媒體、我們的記憶、我們的身份、我們的整個社會等。人類與世界互動的方式，會直接受到我們面對世界所具有的「心理地圖」而影響，包括什麼是真的、什麼是假的，以及這些內容歸向何處等。雖然這份心理地圖主要是根據我們的自身經驗所形成（也就是數十萬年人類演化的幫助下形成），但是這份地圖已經開始越來越受到你所觀看「媒體」的影響。

我所說的「越來越多」，並非在說你的大腦裡頭有某些東西發生了變化，而是在說因為我們的媒體格局在上個世紀（甚至可以說是在最後這十年），發生了天翻地覆的變化。人類社會已經從訊息稀缺轉向訊息豐富，從媒體沙漠進步到媒體無所不在。對大多數人（重要的是，幸好並非這個星球上的所有人類）而言，我們造訪的訊息與媒體都在迅速擴增，透過媒體傳播得到的生活經歷也越來越多。

▶ 注意力的侷限

然而最重要、根本的事情並沒有改變：也就是人體的極限，包括大腦的侷限等。當然，在過去的一個世紀裡，多數社會的嬰兒死亡率[3]和預期

---

3 「Infant Mortality（嬰兒死亡率）」，世界衛生組織全球衛生觀察站（GHO），2019.
02.05 資料，www.who.int/gho/child_health/mortality/neonatal_infant_text/en/。

壽命[4] 都得到改善，並且由於科學和人文的進步，許多人的生活品質得到提升。不過人類的認知系統，也就是大腦與身體、記憶和感官的相互作用等，早在數萬年前就幾乎已經完成了現代的形式[5]。

大腦可以容納的訊息量並沒有改變，注意力的限制也一樣。

所有媒體都在渴求我們關注，而這種關注已經成為我們最珍貴的，也是最容易被忽視的資源。

讓我們再度回到搜尋引擎的世界。

搜尋引擎是可以被駭客入侵的！我所說的並非是那種全面性的安全漏洞（當然這也是可能的），我是指它們可以被「高動機性」的用戶所操縱。就像人們經常點擊的內容（佔主要部分），會決定搜尋結果的排名一樣，你所搜尋的關鍵字，也會決定你在搜尋框輸入時自動跳出哪些字詞（你不妨試著於你所在的國家／地區，用 Google 搜尋「Why is Colorado so（為何科羅拉多如此）」，看看 Google 會認為你想要搜尋的是什麼）。

如果在搜尋引擎輸入的關鍵字，可以決定自動跳出的詞語，那麼只要有一群願意花上大量時間的人，就能一遍又一遍地搜尋相同的東西，直到

---

[4] 「Life Expectancy（預期壽命）」，世界衛生組織全球衛生觀察站（GHO），2019.02.05 資料，www.who.int/gho/mortality_burden_disease/life_tables/situation_trends_text/en/。

[5] 雖然科學家仍不斷辯論著，請參考 Erin Wayman 所寫「When Did the Human Mind Evolve to What It Is Today?（人類的思想從何時演變完成今日的樣子？）」，Smithsonian Magazine，2012.06.25，www.smithsonianmag.com/science-nature/when-did-the-human-mind-evolve-to-what-it-is-today-140507905/。

它能夠控制自動出現的詞語為止，如此便可增加看見此特定詞語的人數，讓他們受到影響而點擊這個關鍵詞。

這件事發生在 2016 年。所謂的右翼極端運動成員（right-wing extremists、右翼極端分子，通常隸屬於支持白人至上主義、反猶太主義和超男性反女性主義等仇恨觀點的團體），成功操縱了 Google 搜尋框裡的自動完成文字輸入，建議出搜尋「種族主義者」和「親另類右派（pro-alt-right、較支持川普）」的訊息[6]。當這項操作引起 Google 官方注意時，他們立刻修正了系統，但世界上沒有任何系統可以完全不受到駭客的攻擊。

人類的大腦也一樣。

▶ 認知駭入

任何基於統計數據而部分或完全做成結論的系統，都可透過操縱統計數據來左右遊戲規則。這也是人類大腦的運作方式：隨著時間推移，我們的認知會整合成「類化」的模式，這些模式也會隨著新訊息的加入而不斷變化（當然愈成熟的模式，變化得愈慢）。而透過改變大腦的大量輸入後，這種「駭客」便能影響我們的大腦模式（很神奇吧？）。

---

6 Olivia Solon 與 Sam Levin，「How Google's Search Algorithm Spreads False Information with a Rightwing Bias（Google 的搜尋演算法如何被右翼偏向傳播假訊息）」，衛報，2016.12.16，www.theguardian.com/technology/2016/dec/16/google-autocomplete-rightwing-bias-algorithm-political-propaganda。

這種「認知駭入（cognitive hacking）」攻擊，不僅能影響我們對事物的定義方式，還會左右我們將它們聯想為正面或負面的傾向。就像前面說過的另類右翼駭客，是少數能影響平台的 Google 專家一樣，即使是一小群的「認知駭客（cognitive hackers）」，也有辦法對我們的「心智圖（mental map）」（以及其所影響的行為）造成顯著的衝擊。一切只要他們能在你觀看特定議題時，操縱夠多的媒體即可。

在你心裡開始想著「是俄國人！俄國人幹的！」之前，值得注意的是，許多認知駭入的情況，可能並非蓄意如此（本書稍後確實會提到俄羅斯，亦即國家所贊助的影響力行動，但它們只是冰山一角而已）。也就是說，我們每天使用的媒體平台結構，可能影響了我們對世界的認知。

舉例來說，我們知道用戶傾向較常接觸能夠激起強烈情緒的媒體，尤其是激起「憤怒」情緒的媒體[7]。我們也知道人們越來越常透過社群媒體平台觀看新聞[8]，他們會被基於尋求「互動」（點擊、按讚、收藏、分享、憤怒的表情符號等）最大化的演算法提供內容，而互動最大化通常也會轉化為強烈情緒的最大化，尤其是憤怒的情緒。

---

[7] Bryan Gardiner，「You'll Be Outraged at How Easy It Was to Get You to Click on This Headline（你會很想生氣因為讓你點擊此標題竟然如此容易）」，Wired，2015.12.18，www.wired.com/2015/12/psychology-of-clickbait/。

[8] Jordan Crook，「62 Percent of U.S. Adults Get Their News from Social Media, Says Report（根據一份報告所稱，有 62% 的美國成年人是在社群媒體上看新聞）」，Techcrunch，2016.05.26，https://techcrunch.com/2016/05/26/most-people-get-their-news-from-social-media-says-report/。

因此，毫不意外的，那些研究政治和數位媒體的人，便會觀察到政治問題的兩極分化日益加劇：強烈的情緒、價值觀的細微差異以及意識形態立場，也從中心點進一步聚集擴大。

隨著數據本身與數據生產者的數量增加，並以驚人速度成長後，能夠引起強烈情緒的事物，自然更能吸引我們的注意力。2013 年時，科學家評估全世界 90% 的數據都是在過去兩年內所創造的[9]。

到了 2015 年，Facebook 本身的用戶數量，已經超過 2008 年時的整體網際網路用戶數量[10]。加上在許多家庭裡的電視頻道激增，以及其他可攜式數位螢幕裝置的流行，把整個社會浸泡在視覺和聽覺的媒體世界裡，讓人類的演化過程根本來不及為此做好準備。任何商業媒體都在競相爭奪我們的注意力，每家媒體都試圖超越另一家媒體。

這項結果便是「認知操縱」的數位軍備競賽，強化了這些已經瀕臨險惡、極端效應下的媒體。

然而，這種極端的分化不光是激發情緒帶來的結果。人們還會傾向於認同能夠強化自己「現有觀點」的事物，科學家稱之為「確認偏差（Confirmation Bias）」。亦即如果我已經認同某個觀點，那這個觀點必然有某些好的部分，包含可以「確認正確性」的情況。因為當你找到能

---

9 SINTEF，「Big Data, for Better or Worse: 90% of World's Data Generated over Last Two Years（大數據，無論好壞：全球 90% 的數據在過去兩年中產生）」，Science Daily，2013.05.22，www.sciencedaily.com/releases/2013/05/130522085217.htm。

10 Paul Mason，《Postcapitalism: A Guide to Our Future》（後資本主義：通向未來之路），New York: Farrar, Straus and Giroux，2015，第 7 頁。

「證明自己正確」的新訊息，感覺會非常好。而確認那些不同觀點者的「不正確」，感受也是如此。

人類具有一種演化的傾向（這點很重要！），亦即討厭且會盡量避免「因為自己的錯誤而受到驚嚇」的狀況，在過去「獵食者／獵物」正常互動的時代裡，這種錯誤驚嚇的情況往往是致命的。但當涉及到網路上的政治辯論時，這種演化的傾向，卻會讓個人和社會為了避免自己面臨「不正確」的情況，結果也同時避免了在智力、倫理和道德上成長的機會。

這種避免細微差異和屈服於確認偏見的情況，會讓我們再次偏離辯論的中心點，並且遠離那些我們不同意的觀點。因此我們便建立了自己的「個人迴音室」，同時相信我們是基於更廣泛訊息的基礎，而建立了自己的觀點，這都要歸功於網際網路所帶來的「奇蹟」啊。於是在這種錯覺下，只要不加干預，社會就變得更加分散，來自不同意識形態的人們將更難找到共同點。

雖然我們生活在人類歷史上訊息最豐富、聯繫最緊密的時代，但從我們的思想很「自然」的處理豐富訊息的方式，代表我們可能是人類歷史上最容易受到「宣傳（propaganda）」影響的一代。不過我強調的是「自然」，因為我們經由祖先抵禦各方威脅後所得到的遺傳傾向，在許多方面都可說是非凡的天賦。

但是，在這個大多數人不常受到獵食者威脅的時代，要對抗那些試圖利用媒體操縱我們的注意力，以便影響你的思想和行為的人時，我們也很自然的無法以正確的工具，應對這種不易察覺的威脅。原先當你背後出現獵食者，或者當熱量過低且面對一堆食物的時候，我們完全具有良好

本能反應。但如果遇上的是數位假訊息時，人類並不會產生本能的直覺反應。

因為人類雖然已經發展出學習、分析、推理、溝通、說服等邏輯思考的能力，但這些都不是我們的直覺反應。如果可以適當地導正我們的思想，亦即如果我們能在正確的時間以正確的方式掌握自己的注意力，就能抵制這種假訊息的操縱，建立一個更美好的社會。不過這點必須經過努力，在完成以前，我們必須了解問題所在。

這也就是我們將在本書探索的內容。

▶ 該從何處開始呢？

首先我們應從拆解「宣傳（propaganda）」問題談起，為何人類有意識的關注力會受限呢？到底有多受限？這點對於如何在數位時代接收訊息有何影響？我們還將探索社群媒體和其他內容推薦系統（例如 Pandora、Netflix 和 Amazon）的演算法基礎。它們在技術上如何運作，它們如何與我們認知系統的優勢和侷限性相互作用，以及它們如何被「駭入」而影響我們的思想和行動。

然後我們將探討幾個研究案例，討論基於社群媒體的營運，如何明顯的影響公眾意識，甚至影響公共行動。來自 Ferguson 的抗議活動（譯註：美國密蘇里州佛格森鎮一名黑人青年 Michael Brown 遭白人警官槍殺的事件）如何在 Twitter 和 Vine 上組織與擴散，結果導致「Black Lives Matter（重視黑人生命）」運動的顯著成長。

還有在 Twitter 上被稱為「GamerGate（玩家門事件）」的女性遊戲設計師和評論家協同產生的紛擾，造成在美國國內與國際上的影響。以及最近的選舉和烏克蘭、瑞典、美國、土耳其、巴西、菲律賓、緬甸、墨西哥和哥倫比亞政治風暴裡的影響等。

人類生活在一個與以往任何時期都不同的時代。我們擁有工具、訊息和人際關聯，可以用來完成相當驚人的作為。但是，就像已知用火或利用核能一樣，人類新發現的數位能力，也很容易讓我們受到「人為災難」的影響（這些災難還只是在人類所能想像的初步階段而已）。

這種數位能力可以被用於善念、用於邪惡或當作玩具一般的對待。但這些數位技術原本的意圖通常只是作為娛樂而已，所以我們經常會不小心同意了那些本非意圖的事。幸好只要透過一點教育、一點監管和大量的關注，便有機會將這種數位技術變回充滿希望的燈塔。

本書的目的是實現教育、培養關懷，鼓勵適當的監管。如果我們一起努力，並往正確的方向走，一定可以完成驚人的成就。

所以，就讓我們開始吧！

「宣傳」的問題

1

注意！

訊息過量會影響我們觀看媒體的方式

▼

本章將解釋從「訊息經濟」走向「注意力經濟」的轉變，並闡述「訊息（information）」在網際網路上如何被建立、分享和消費的真實內涵。從訊息稀缺轉變為訊息豐富的時代後，訊息已不再是推動經濟發展的有效貨幣化商品。人們的「注意力焦點」成為了供應有限的「類貨幣化」商品，讓「內容推薦演算法」佔據原先訊息環境和經濟裡的關鍵位置。本章便要介紹讓這些演算法出現的一般經濟、認知和技術的相關背景。

▶ 品味如何建立？

你最喜歡的甜點是什麼？

我喜歡的應該是一份美好的無麩質巧克力蛋糕。上面有覆盆子、黑莓、也許還有一點冰淇淋…當然還要有像義式咖啡、美式咖啡或濃湯之類的飲料，也就是可以用來區隔這些豐富的味道、清潔口感，然後讓每一口的味道都像是第一口一樣美味。

我覺得光是寫下剛剛這段文字，體重就增加了幾磅。為何如此美味的東西，會對身體有壞處呢？！

當真如此嗎？

當我第一次在大學裡研究「演化心理學（evolutionary psychology）」時，我記得學到人類通常會把對我們有利的事物加入演化的偏好中 [1]，這些安全且幫助各位活到「可繁衍後代」年紀的有利事物，也讓我們可以放心的傳遞基因。只要被人類關聯到可以帶來「正面情緒」的事物，都會讓人更頻繁地做相同的事，而與「負面情緒」聯繫起來的事情便會被盡量避免。

---

[1] Steven Pinker，《心智探奇》（How the Mind Works），New York，W. W. Norton & Company, Inc.，1997，第 524–525 頁。

人類會盡量尋求快樂而非痛苦，我們的祖先尋求的快樂便是那些幫助他們生存和繁殖的事物，他們活下來並複製這些樂事。而那些對於危險的事情感到高興的人，其冒險基因便較難傳遞給後代。這樣造成的結果便是：二十一世紀人類所遺傳到的基因，通常使我們對那些「對物種有益」的事物感到高興，並且會對危害全體生存的事物產生痛苦，以警告我們避禍。

當然，這種情感的偏好與品味，對於物種在生理上和社會上都有益處，同樣也適用在食物的偏好上。對我們有益的食物往往會帶給我們快樂，而對我們有害的食物往往味道不好，引發我們的反射性嘔吐。

等等，這看起來有點相反了。我剛剛不是感嘆這麼好吃的東西卻對身體有不良的影響嗎？！

其實這張演化的拼圖還缺了一塊，那些被稱為「適應」的演化偏好，幫助我們的祖先適應了他們的環境。他們的環境？讓我們回到那個無麩質巧克力蛋糕上，裡面都有哪些成分呢？可可（當然）、糖、鹽、奶油加上很多雞蛋。

從營養的層面看，我們現在會聽到很多維生素、礦物質或纖維等。蛋糕成分裡也有碳水化合物，簡單地說，就是糖、精確一點還有脂肪和蛋白質等。現代營養學家也常告訴我們：這些成分會導致超重、肥胖、心臟病、糖尿病、腎臟疾病，甚至牙齦疾病和蛀牙等。這些成分靠近食物金字塔的頂部，應該盡量減少食用。

如果我們必須減少食用這些食物，那麼當初為何要讓它們發展出如此濃厚香醇的各種味道呢？對於生活富足的西方人來說，每天隨便就能攝取2000卡路里的熱量。然而，人類決定今日烹調口味的基因，並沒有在如此富足的時代被「淘汰」。打從更新世以來，這些基因在數十萬年裡的變化非常小 [2]。

人類隱含的這些口味基因，早在雜貨店、速食店、美食、簡餐、冰箱、冰櫃，甚至是在農業時代之前就已發展完成。也早在人類建造拖拉機、犁、馬鞍，甚至弓與箭之前，這些「現代食物偏好」就已經寫入我們的遺傳密碼中。

碳水化合物、脂肪、蛋白質等…，雖然現在我們經常強調過量食用這些食物的危險性，但它們確實可以讓身體產生能量、增強肌肉，對保持良好的工作狀態相當重要。而且這些食物在一個擁有高效率農業和捕撈技術的社會中，取得都是相對容易的，更不用說可以長期保存食物及製成內含營養價值的加工技術。

但是，在15萬年前的非洲大草原上，我們的祖先可沒有這樣的技術。那些生物必需品包括碳水化合物、脂肪、蛋白質都很難取得，都是我們現在覺得難以置信的稀缺物。喜歡的人會尋求這些食物，而且可能因為找到並吃掉這些成分而生存下來。

---

2 更詳細敘述請見 Jerome H. Barkow, Leda Cosmides, and John Tooby（eds），《The Adapted Mind: Evolutionary Psychology and the Generation of Culture》（適應的思維：進化心理學與文化的產生），New York, NY: Oxford University Press，1992。

在那個多數人生活在飢餓邊緣的時代，沒有尋找到這些珍貴成分的人，往往無法倖存下來將基因傳遞給下一代。因此，是「倖存者」撰寫了人類的遺傳密碼，而他們對於當時稀缺但必不可少的東西的品味，影響了我們在今日的烹飪口味偏好。所以，我喜歡無麩質巧克力蛋糕之類的東西，並不是因為我的祖先適應了巧克力蛋糕的味道，而是因為它是所有「必需但稀缺」食物的完美組合，只是味道也進一步演化了。

我之前提到自「更新世」時期以來，我們的遺傳密碼並沒有太大的變化。那是因為生活在富足時代的人們，比較沒有編寫遺傳密碼的機會！

如果大多數人類不再生活在飢餓的迫切壓力下，就無法產生跟食物有關的自然選擇。亦即本來由死亡所推動的演化，就會留下了遺傳缺陷，而非剔除。以過敏為例：我老婆和我都有相當嚴重的過敏症，如果我們生活在 100 年前，在能為下一代複製基因之前，都會先因嚴重的過敏反應而死亡。然而感謝現代醫學，我們都活了下來！因此都將過敏基因遺傳給孩子，也在他們生命的最初幾年裡，導致了一些相當嚴重的醫療狀況。一旦人們不再處於滅絕的邊緣，那些健康優勢就不是絕對的演化優勢。因此，人類這個物種在遙遠過去所形成的優勢，仍然支配著我們今日的偏好。

▶ 供需：為何「訊息經濟」無法持續發展下去？

現在我應該會聽到某些人開口問：「這些跟大數據、假新聞和宣傳，有什麼關聯」？

完全相關啊，各位。

我們的祖先對食物的品味，是在「食物稀缺」的情況下決定的。必要但稀缺的成分會成為最喜歡、最渴望的成分。然而，在食物充裕的時期，這些偏好並不一定合宜（尤其是有些必要成分在少量或適中時對人類很好，但大量吸收反而有害的情況）。因此在相對豐足的時代裡，我們對食物的天然本能，就會變得有點危險。

吸收訊息的情況也是如此，我們處理訊息的方式是基於人類演化史與學習到的經驗，亦即訊息是稀缺的，或至少是代價昂貴的。而我們身上掌管著感官如何與大腦相連的「認知系統（cognitive system）」，甚至早在「智人（Homo sapiens）」存在之前就已經演化完成了[3]。

---

[3] 人類多數基本認知功能與其他物種共有，尤其是哺乳動物，因此很可能是數百萬年前我們的共同祖先所擁有的。但是，人類某些更高級的認知能力，甚至也與其他靈長類動物共存，這正是 Douglas Fox 在「How Human Smarts Evolved（人類智能如何演化）」裡所詳細討論過的。Sapiens，2018.07.27，www.sapiens.org/evolution/primate-intelligence/。

所以人類大部分的遺傳密碼，在寫作發明之前就已經相當完善了，更不用說早過印刷機、大眾傳媒、無線電、電視或來自演算法產生的新聞等[4]。以前那些人類用來確定現實的本能，或用來尋找安全、遠離危險的能力，並不適合我們目前所處的媒體環境。我們從訊息稀缺到現代媒體的瘋狂生產，就像是突然直接從消防水管喝水一樣。

更重要的問題在於，多數人所受的教育是在沒有網際網路世界下所設計的教育方式。使用的學習工具與技巧是可以供家裡沒有電腦、或是在公共圖書館裡的人學習。從這些學習內容裡，便能看出如此閱讀的「準確性」，並未依據網際網路的生活做過微調。

簡而言之，大多數人都不知道如何在網際網路上進行「事實查證（fact-check）」。我們不僅不知道如何查證，也不知道如何讓自己「學會」查證。而當情況發生在社群媒體平台上，也就是你可以輕鬆的點點手指，立刻就能分享閱讀的所有內容時，便會加劇這些問題的惡化，因為你對媒體不挑剔的消費，就會導致更散漫的任意散佈這些媒體內容。每當我們閱讀新聞時，如果不完全打開「垃圾訊息探測器」的話，我們在無意間傳遞的「廢話」就會更多。我們的社群媒體的新聞「流」不僅會成為消防水管，還會變成噴灑污水的消防水管。

因為找到具有啟發性的新聞內容，已經變得難上加難。

4　雖然科學家們仍在研究與辯論人類到底是在什麼時候，發展出我們今日所理解並依賴的「認知」功能。有強力證據顯示，「智人」至少在 5 萬年前就擁有口語甚至音樂等高級認知技能。詳見 Steven Mithen，《The Singing Neanderthals：The Origins of Music, Language, Mind and Body》（會唱歌的尼安德塔人：音樂、語言、身心認知的起源），London: The Orion Publishing Group, Ltd.，2005 年，第 260-265 頁。

這種轉變不僅跟演化或教育有關，也跟經濟相關。我們都學習過「工業革命」的歷史，至少在西方，封建的農業基礎經濟（及其社會秩序）下，讓位給以市場為基礎的「工業經濟」。土地、血統或神聖權利的統治，讓位給金錢和勞力的統治。貴族被商人取代、農場被工廠（以及後來的工業化農場）取代。於是全新的社會秩序出現，經濟學家邁克爾・戈德海伯（Michael H. Goldhaber）寫道：

15 世紀時的歐洲仍然有相當大的部分處於封建統治下，封建領主們理所當然地認為「新世界」將會有更多「封建經濟」的空間，而公爵、侯爵、男爵和伯爵們，也會統治著整個新發現大陸的農奴。事實上，他們也確實開始建立這樣的管理系統，但結果證明，這個系統無法在新的領地上蓬勃發展。相反的，資本主義者以市場為基礎，展開工業經濟，發現新的土地更適合發展。當資本主義在北美壯大後，重新越過海洋返鄉，終於也完成統治歐洲與世界其他地方的行動[5]。

換句話說，歐洲發展出來的民主革命之火，在點燃歐洲之前，先在北美洲爆發了，而這些都是有原因的。缺乏穩定貴族和強調貿易與貨物（靠奴隸運回歐洲），都使得「新世界」成為一種完全不同的經濟空間 —— 物質型產品的開採和生產、移動這些貨物的能力，以及將其轉化為資本的能力，都可帶來經濟力。

---

[5] Michael H. Goldhaber，「The Attention Economy and the Net（注意力經濟與網絡）」，First Monday 2/4，1997.04.07，http://journals.uic.edu/ojs/index.php/fm/article/view/519/440。

這種以市場為基礎的資本主義，以及任何人都可以透過勞動和智慧改善自身社會地位的觀念，形成了新共和國的基礎（這點比較偏重在理論上，實際情況可能沒那麼普遍）。最後這股力量確實傳到了歐洲，封建主義逐漸在各地，讓位給市場型資本主義。

但這並不是人類面臨過唯一的社會經濟轉型，封建主義並不是第一個社會制度，資本主義也不會是最後一個（甚至也不是目前世界上唯一的經濟體系！）。資本主義本身具有多種形式，有些形式已經呈現出從「貨物和服務」為基礎的經濟，轉向「訊息」經濟的重大轉變。

這種想法並不是說西方資本主義已經消失，而是解釋曾經適用於原料（貨物）和勞動力（服務）的供需規則，現在則被套用在「訊息（數據）」上。

你可以這樣想：當某些事物稀缺但又令人嚮往時，我們會稱之為「珍貴」，例如金、銀、肥沃的土壤、脂肪、碳水化合物、蛋白質等。而在市場驅動的經濟中，如果需求高且供應量低的話，人們就會為此競相交易，亦即在資本主義經濟中，大家會為此投入金錢，因而成本上升，反映出社會賦予它的價值較高。而如果商品供應量高且需求低，價格就會下降，便只能具有相對較低的價值。

在工業經濟下，保持一切正常運轉的「供需」方程式，牽涉到原物料與勞動力 —— 你能取得什麼，能用來做什麼，可以賣到哪裡去？亦即能控制原物料和勞動力的人統治著一切。但是，當我們擅長製造遠遠超過供應所需，甚至是最需要的東西如食物、衣服或住宅時，會發生什麼情況呢？

這就是許多發達國家所面臨的事，因為機械化和自動化使生產變得如此有效率，以致於推動了商品供應的高漲，卻也同時大量減少了勞動人力的需求，因而減少人力勞動的貨幣價值。當這兩件事情一起發生時，大家就開始無錢可賺，就算他們有錢可買，商人所賣的東西也會便宜到無法賺錢，於是經濟便陷入惡性停滯。

但是，正如保羅・梅森（Paul Mason）在其著作《Postcapitalism: A Guide to Our Future》（後資本主義：通向未來之路）[6] 所說，資本主義具有相當的「彈性」。隨著供需方程式在一個經濟領域中逐漸崩潰，通常也會有另一個出現取而代之。

在過去的幾十年裡，隨著富裕的西方國家的生產成本（以及勞動力的工資）普遍下降，「訊息」經濟已經出現取而代之。換句話說，不再是那些控制物資和勞動力的人掌控一切，而是「管理訊息」的人對經濟和社會秩序擁有最強有力的控制權。

但在我們進入一個嶄新的、長達百年的「訊息資本主義（info-capitalism）」時代之前，另有其他重要的事情出現了，也就是「摩爾定律（Moore's Law）」，以工程師和英特爾聯合創始人高登・摩爾（Gordon Moore）命名。

6　Paul Mason，《Postcapitalism: A Guide to Our Future》（後資本主義：通向未來之路），New York: Farrar, Straus and Giroux，2015。

摩爾定律指出，半導體電路中適合一定空間的電晶體數量，大約每兩年增加一倍 [7]。在經濟受訊息的供需關係統治的時代裡，訊息「處理能力」呈指數增長會造成問題。除此之外，儲存訊息的成本正在迅速下降，複製訊息的過程變得非常簡單，讓「訊息經濟」在有機會獨立出現之前，就已保證無法延續。

一直到 1984 年第一屆「駭客年會（Hackers Conference）」上，斯圖爾特‧布蘭特說出那段著名的話：

一方面，訊息想要變得昂貴，因為它非常珍貴。在正確的地方找到正確的訊息可以改變你的生活；另一方面，訊息也希望可以是免費的，因為取得訊息的成本越來越低。所以這兩種想法彼此互相爭鬥 [8]。

撇開「訊息渴望免費（information wants to be free、與渴望自由之意雙關）」的口號已經成為現實，這種二元性（Cory Doctorow 稱之為「相當不錯的禪語」）[9] 是將經濟建立在訊息基礎上的根本問題，不行就是不行。這就是為什麼許多出版商和新聞媒體公司，都在努力從印刷和廣播轉向數位化的原因。

供需：為何「訊息經濟」無法持續發展下去？

---

[7]　Gordon E. Moore，「Progress in Digital Integrated Electronics（數位積體電路的進展）」，Intel Corporation，1975，第 3 頁。

[8]　Cited in Doctorow，《Information Doesn't Want to Be Free: Laws for the Internet Age》（資訊分享，鎖得住？還在抱怨盜版？可是，網路科技已經回不去了），第 94 頁。

[9]　同前。

這也是為什麼我們有訂閱制、廣告攔截器、廣告攔截器攔截器…等。你不可能擁有一種基於商品的市場資本主義，但其商品的生產成本太過低廉，複製成本也幾乎等於免費，更何況因為有了網路，讓這種商品的傳輸也更為方便。

在某些經濟觀點裡，例如前面提到的保羅·梅森，認為這一切意味著資本主義本身已經死亡，「訊息時代」將迎來一個新的、準社會主義式的「後資本主義」時代，也許這些說法沒錯。

然而或許還有另一種商品，讓具有彈性的資本主義仍有一息尚存。

當戈德哈伯（Goldhaber）描述從封建主義到資本主義的過渡時，並沒有就此止步。他實際上是在描寫關於「新經濟」的出現。這不光只是新經濟時代，還是一種「新型」的經濟。

當代經濟思想源於以「市場」為基礎的同類型工業主義，跟之前的封建、自給自足的農業經濟完全不同。正如上課學過的知識一樣，我們會傾向於認為經濟規律是永恆的。然而認為這些準則在各種特定時期和特定類型的場域都適用，卻是完全錯誤的想法。

典型的封建主義場景下，點綴著小片田野、圍牆、村莊和城堡，這些與城市、煙囪工廠、鐵路、運河或高速公路的工業景觀明顯不同。雖然網路空間的「景觀」可能只存在於我們的腦海中，但即使如此，它也是我們身處的位置所在，越來越多人生活在其中，看起來就像其他生活裡的景觀一樣。

如果網路空間逐漸成長，並且包含了目前這個星球上數十億人之間的相互作用，那麼這種「互動」，將與過去幾個世紀或更早之前的時代完全不同。

若你想在這個新世界中茁壯成長，我們會勸你千萬不要誤認為那些公爵和伯爵還會在這裡繼續繁衍下去，而應該學會根據經濟的「天性」來思考這件事 [10]。

這些新要素到底是什麼呢？戈德哈伯在 1997 年，也就是在網路發明後的短短幾年內（如果沒記錯的話，那年我有了第一個 Juno 電子郵件帳戶），稱此種新經濟是「注意力經濟（attention economy）」（他並非第一個使用這個術語的人，但他是最早詳細討論網路的出現，對後工業社會的社會經濟結構，可能產生哪些影響的人之一）。

在注意力經濟中，控制經濟增長的供需方程式，並不涉及「訊息」的供需關係，而是人類的「關注」供需。正如馬修・克勞佛（Matthew Crawford）所說，「注意力是一種資源，而一個人的注意力就只有這麼多」[11]。隨著訊息變得更便宜、更容易創造、觀看、散佈與複製下，對那些處理訊息的人來說，注意力已經變得越來越稀缺。

---

10 Goldhaber，「The Attention Economy and the Net（注意力經濟與網絡）」。

11「Introduction, Attention as a Cultural Problem（簡介，注意力變成文化問題）」，《The World Beyond Your Head: On Becoming an Individual in an Age of Distraction》（超越頭腦的世界：在分心時代下的個人），精裝本首刷，Farrar, Straus and Giroux，第 11 頁。

正如 Goldhaber 所描述，這不只是從一種待售材料轉移到另一種材料，而是一種完全不同的系統。貨幣跟「貨物和服務（貿易的現代版本）」的走向相反，反而是跟「注意力」走在相同的路上。

是的，我們仍舊會買東西（是的，內容製作商仍然會購買廣告，所以也有點像是在買注意力），但我們越來越不打算去購買想要或需要的東西，而是開始接受「取悅」，贏得我們注意力戰爭的贏家，便能收到我們的錢。

這便意味著不同類型的交易、不同類型的行銷和市場策略，以及進行這些交易的不同類型市場（從企業方面來看：Facebook 是媒體公司、社交俱樂部、公共集會場所或廣告代理商呢？）。

▶ 若你不必為商品付錢，你就是商品：注意力變成商品、參與性變成貨幣

在面對假訊息和宣傳時，理解這種經濟轉型的幾種面向相當重要。首先，焦點（若你願意也可以稱作「瓶頸」）在於我們的「注意力」。人類認知系統的侷限性是經濟的基石，因為它能讓供需方程式取得平衡。若想成為關鍵消費者，至少要關心這點，就算一點點也好。由於我們的注意力是在網路、電視與任何形式媒體進行交易的主要「商品」。在許多情況下，即使跟錢無關，我們也都在這些交易裡扮演重要的經濟角色。你的「注意力」就是商品，你的「參與性」就是貨幣，因此這也正是為何在網路上追蹤我們的活動，對於處理訊息的公司來說非常重要。只要注意力經濟存在，像「劍橋分析」這樣的公司就會存在。這是利用有關

客戶、競爭對手甚至選民數據的公司，能為不同選民提供量身訂製的廣告，其目的是影響、甚至操縱他們的行為 [12]。

其次，由於你我的注意力是新經濟裡的主要商品，因此我們每天使用的數位平台，其設計宗旨即在操縱和衡量我們的注意力。正如前 Google 員工和技術評論家特里斯坦・哈里斯（Tristan Harris）所說：「一小部分的人，在少數幾家科技公司工作，他們的選擇卻能引導十億人今日的想法」[13]。

或者，讓我們的語氣不要那麼「反烏托邦」，改成：因為我們最常使用的技術，通常也是設計得非常好的技術，以致於讓我們不斷回頭使用這些科技公司的技術。不過正如同食物、酒精、性愛、開車、運動，甚至許多美好事物一樣，一切都可能在你不經意或過度使用的情況下，變得非常危險。

當平台從廣告中賺錢時，而且當更多的人在這些平台上花更多的時間，讓他們能賺到更多錢時，一切就顯得難以避免。但是，重點來了，你看到廣告時（稱為曝光），他們會賺到一些錢，當你點擊廣告時，他們可

---

12 有關劍橋分析公司（Cambridge Analytica）的更多訊息，請參閱衛報新聞的「The Cambridge Analytica Files」，www.theguardian.com/news/series/cambridge-analytica-files。

13 保羅・劉易斯（Paul Lewis），「Our Minds Can Be Hijacked': The Tech Insiders who Fear a Smartphone Dystopia（思想可以被劫持：擔心智慧型手機反烏托邦的技術內幕人士）」，衛報，2017.10.06，www.theguardian.com/technology/2017/oct/05/smartphone-addiction-silicon-valley-dystopia。

以賺到更多的錢[14]。不過，點擊廣告通常會讓你直接離開這個平台，沒機會看到其他廣告。除非該平台有非常吸引你的地方，讓你在網路上其他地方逛過之後還會很快想要回來。

換句話說，注意力經濟會讓設計出一個「成癮平台」這種作法，具有一定的商業意義[15]。這點對個人和社會而言都非常危險，當這些平台越來越成為許多人的新聞來源，以及放鬆時最常參與的平台後，「被動成癮」就成為許多人面對每日最重要新聞的參與方式。哈里斯說：「我不知道是否還有比這件事更急迫的問題⋯它正在改變我們的民主」[16]。或者換種方式說，用一種更加反烏托邦的偏頗說法：我們的社群媒體平台根本就是為「宣傳」而設計的。

---

14 格雷格・麥克法蘭（Greg McFarlane），「How Facebook, Twitter, Social Media Make Money From You（Facebook、Twitter、社群媒體如何利用你來賺錢）」，Investopedia，最後更新於 2014 年 3 月 21 日，www.investopedia.com/articles/investing/022315/high-cost-advertising-times-square.asp。另請參閱「How much It costs to advertise on Facebook（在 Facebook 上投放廣告的費用）」，Facebook Business，2019 年 2 月 6 日訪問，www.facebook.com/business/help/201828586525529。

15 Mike Allen，「Sean Parker unloads on Facebook: 'God only knows what it's doing to our children's brains'（Sean Parker 刪掉 Facebook：只有上帝知道它對我們孩子的大腦產生什麼影響？）」，Axios，2017.11.09，https://www.axios.com/1513306792-f855e7b4-4e99-4d60-8d51-2775559c2671.html。

16 同前。

生活中所有問題的成因和解決方案：
演算法推薦

讓我們暫且後退一步，完整了解一下這一切是如何運作的（在第 3 章將有更詳細的介紹）。用戶需要內容，無論是文字、音樂、電視、電影、所有的媒體需求，本質上都是對訊息的需求。然而訊息無所不在，儘管我們對各種媒體的需求量很高，但供應量都遠遠超過需求。不論在內容的數量和造訪內容的難易度上，這些平台都會確保你可以看到許多免費或者極為便宜的媒體內容。

當然，問題在於內容製作者需要獲得報酬，否則他們就無法生產內容（雖然許多內容生產者把這些當成副業的額外收入，但如果不再有任何電影製作人、詞曲作者、小說家或記者把他們的工作當成全職、長期的職業生涯，我們的社會肯定會變得貧乏不已）。

供需方程式對於消費者是有利的，建立媒體的平均成本正在快速接近於零成本 [17]，但令人驚訝的是，人們仍然會在媒體上花錢，而且是花很多錢。但隨著供應量和取得量的不斷增加，分得一小塊餅的可能性正在迅速減少。因此，對於內容製作人來說，他們需要排除雜音而成為引起我們注意的人。

---

[17] Cory Doctorow，《Information Doesn't Want to Be Free: Laws for the Internet Age》（訊息不想免費：網際網路時代的法律），San Francisco: McSweeney's，2014，第 55 頁。並請參考 Paul Mason，《Postcapitalism: A Guide to Our Future》（後資本主義：通向未來之路），New York: Farrar, Straus and Giroux，2015，第 119 頁。

媒體消費者需要內容，媒體製作者則需要消費者的關注。更重要的是，消費者希望直接找到好東西（無論在娛樂、教育或新聞都一樣，而媒體製作者也想要將內容放在合適的觀眾面前），也就是找到那些可能真正關心他們需求的廠商，讓他們把辛苦賺來的錢花在上面。

消費者希望找到合適的媒體，生產者希望找到合適的受眾。他們試圖在網路上彼此找到對方。這雖然有點像「約會網站」的說法，不過在某些方面，這正是它的本質。

約會網站的核心是推薦引擎，透過獲得有關你的各項資料，並與其他人的數據進行比較，然後推薦可能興趣相近的人給你。這些輸入的數據可能來自大範圍調查或心理人格測試，或者可能只來自你的行為，例如幾百次左右滑動食指的紀錄等。但歸根究柢，這種過程是一樣的：系統獲得各項輸入的數據，透過演算法運行，然後提出建議（而且在更強的系統裡，還能判斷推薦數據的良窳，藉此調整並改善演算法）。

在媒合消費者與內容或將媒體生產者與受眾進行配對時，其過程是相同的。微調與用戶匹配內容的演算法，會將兼容性最大化，以便讓消費者對他們的選擇感到滿意，讓內容生產者獲得報酬。

不過，這些媒體平台與約會網站的最大區別在於，如果約會網站成功幫你找到終生摯愛之後，你就再也不需要約會網站了。而如果媒體推薦引擎成功了，你不僅會在星期五晚上找到一部精彩的電影，而且你也可能會在星期六再看一部。請記住，這些平台也在爭奪我們的注意力。Netflix、Hulu、Amazon、Pandora、Spotify、Twitter、Facebook⋯這些媒體平台讓我們回頭的次數越多，賺的錢就越多，無論我們消費哪家媒體都一樣。

這似乎是一場「三贏（平台、消費者、內容製作者）」的局面。平台提出建議，消費者找到「個人化」的娛樂選擇，大大提高觀看／聆聽／閱讀的樂趣，內容製作者也有機會為作品找到合適的受眾，以最小的努力將他們的收入最大化。每當我們對一首歌按讚或為電影做出評價時，推薦給我們和內容製作人的建議都會變得更精準。而隨著這些推薦變得更精準，平台也會得到回報（當媒體平台也是內容製作者時，對他們來說更是雙贏）。

但這套系統並非毫無缺陷，前面已經討論過它如何讓我們上癮，促使我們無意識地回歸，純粹出於習慣，並非有意為之。不過還有其他的問題，例如為了提供最佳建議，平台需要大量跟我們有關的數據與內容，以便提供給演算法使用。隨著平台競爭越演越烈，而且計算資源也越來越便宜的情況下，收集有關個人的資料數據量也迅速增加。

這種數據收集的動作，經常發生在你不知情的情況，例如同意服務條款的情況。但這些條款的細節通常不是那麼清楚，而且會在我們習慣使用該平台之後，時不時修改變動一下。數據收集也發生在我們疏忽警戒時，也就是當我們對向「誰」提供訊息最不警惕的時候。因為這並不是你的銀行對帳單、不動產抵押協議，學術論文之類，必須小心謹慎看待的事情。這些訊息通常只是你在起床之前、早餐的第一杯咖啡之前，最先看到的內容，也是我們開車去上班或在跑步時一邊聽的內容，或是你在睡前小酌一杯時閱看的東西。這些我們正在談論收聽的音樂、觀看的節目、閱讀的新聞、對新聞的評論，還有我們「按讚」朋友孩子們的照片，以及我們用憤怒的表情符號回應的新聞故事，加上我們花費最多時間觀看的圖片，更別提你點擊的那些廣告（某些情況下，可能還有隨之而來的信用卡購買）等。

所有這些行為都會被記錄下來，其中絕大部分被平台使用，甚至拿來交易或出售，以便提供給你最可能讓你在他們的平台上，停留最長時間，並且最常返回的內容。這類數據收集不僅會引來駭客攻擊、漏洞攻擊、洩密事件，也會在某些情況下，出現對你實在太過了解的「定位廣告（targeted ads）」（還記得幾年前有父母在女兒尚未開口的情況下，因為收到廣告而發現十幾歲的女兒懷孕的事情嗎？）[18]。

還有另一個問題。對一個想要將我們的注意力與數據收集「極大化」的平台而言，他們經常會努力成為「一站式商店（one-stop shop）」。其中 Amazon、Facebook 和 Google（以及之前的 Yahoo!），也許就是最好的例子。這些對我們提供「即時新聞」的平台，同時也會提供「家族、團體式」的各種更新，有些還會作為專業發展型的類型網路，然後再用廣告鼓勵我們加入這些家族、團體，以便讓你可以跟分享相同宗教信仰的人聯繫，或者加入只是買雙新鞋或升級智慧手機相關知識的群組。

透過這種小眾多樣化的內容，便可攫取到最多的注意力，然而，這些平台也等於分散了我們的注意力，因為他們讓你更深入琳達·史東（Linda Stone）所說的「持續的部分關注（continuous partial

---

18 Kashmir Hill，「How Target Figured Out a Teen Girl Was Pregnant Before Her Father Did（Target 網站如何在父親知道之前，就先知道一個女孩懷孕了）」，Forbes，2012.02.16，www.forbes.com/sites/kashmirhill/2012/02/16/how-target-figured-out-a-teen-girl-was-pregnant-before-her-father-did/。

attention）」狀態，亦即沒有任何一件事能主導我們的思考 [19]。這不僅使我們無法慢慢花時間深入思考任何一件事，也會讓我們持續的來回關注在各種不同的零碎焦點上。

由此產生的「注意力暫失（attentional blink）」（也就是認知心理學家所説的那種精神狀態）[20]，就是那種「再次」找到方向的時刻。當你不斷地屏住呼吸，在地圖上找到位置，轉換各種認知任務時，就會發現自己處在史東稱之為「人為的持續危機感（artificial sense of constant crisis）」狀態中。

這不僅是一種心理上的問題，也是一個思維上的問題。你無法放慢速度，也無法深入思考，於是你做不出批判性的思考。在這些平台花的時間越多，就會有越多「注意力暫失」的時刻，處在「持續危機感」狀態的時間也會越多。

當你發現自己在常去的新聞平台搜尋想看的新聞，而會經常處於此種心理狀態時，你便成為「適合接受宣傳」的受眾了，不過到底什麼是「宣傳」呢？

---

19 Linda Stone，「Beyond Simple Multi-Tasking: Continuous Partial Attention（簡單多工之外：持續的局部注意）」，Linda Stone（blog），2009.11.30，https://lindastone. net/2009/11/30/beyond-simple-multi-tasking-continuous-partial-attention/。

20 Howard Rheingold，《Net Smart: How to Thrive Online》（聰明網路使用手冊），Cambridge, Mass.: MIT Press，2014，第 39 頁。

▶ 宣傳的定義

「宣傳（propaganda）」這個名詞來自傳播（propagate），亦即散佈消息之意。在最古老的背景下，它是指透過口耳相傳或透過印刷媒體來傳播訊息。在這個意義上，它與出版（公開訊息）和傳福音（分享好消息）類似。但在更近的現代定義裡，它開始產生更加險惡的語意。雅克‧埃呂爾（Jacques Ellul）在他的經典之作《Propaganda: The Formation of Men's Attitudes》（宣傳：塑造人的想法）一書中寫道：

「宣傳」是由一個有組織的團體所採用的一套方法，希望能透過心理操縱，在心理上統一思想並融入組織中，實現讓大量個體主動或被動參與此組織的期望行為 [21]。

我覺得這個定義很有用，但對數位時代來說尚有不足之處。以組織作為核心代理人，以及目標是在擴展組織的想法，只占目前在網路上所見宣傳活動的一小部分。

如今，成為一個組織「註冊會員」的想法，大量取代了不同程度參與運動的作法。也由於這種「會員資格」運動所帶來的差異，以及現代公民可獲得的各種訊息和媒體，讓我們在如何定義「宣傳」上，還需加入一點不同的細微差異。

---

[21] Jacques Ellul，《Propaganda: The Formation of Men's Attitudes》（宣傳：塑造人的想法），New York，Vintage Books，1965，第 61 頁。

把上面這點加入考量後，我將「宣傳」定義為：使用一種或多種媒體來傳達訊息，其目的是透過「心理操控」而非理性演說，來改變某人的思想或行為。

當然非宣傳（Non-propaganda）的情況並非就是完全不帶偏見，因為只要是人都會有偏見，但宣傳卻會企圖「隱藏」偏見，將虛妄的「非事實（non-facts）」當成事實呈現，不去完整呈現事實或剝奪事實的基本背景，然後引導我們的思想遠離批判偏見的理性思考，也遠離從謊言裡辨別真相的思考過程。

宣傳可能涉及假訊息（來自俄羅斯的 dezinformatsiya、即俄文的假訊息之意）亦即有目的的企圖欺騙、操縱或扭曲訊息，誤導大眾在無意間傳播這些虛假與謬誤。我們經常會在網路上看到這兩者協同一致的作業方式，一邊是有目的的欺騙手段，一邊則是認真地熱心分享這些欺騙的宣傳。

我認為這種多層次宣傳訊息就像是「洗錢」一樣，因為最初的假訊息是透過善意的人來洗白的，而大眾分享的動作既傳播了假訊息，也會掩蓋掉假訊息的真實來源。

經由這些定義，我們可以看到媒體成癮、侵入式數據收集與持續的注意力暫失，都讓我們成為訊息操作下的受害者。我們花越多時間在這類訴求淺薄思考的平台上，就越不會仔細檢查參與的訊息及其來源。

於是，當你的媒體消費行為越來越「社群」，就越會放鬆警惕；轉換認知的情況越多，就越無法做必要的深入思考；平台收集到關於我們的大數據越多，針對個人目標的精細操作就會更多。哈羅德‧拉斯威爾

（Harold D. Lasswell）寫道，宣傳力圖使其他人服從並「同時降低實際成本」²²，而目前這個年代，基於演算法的媒體平台，很可能是人類歷史上實現這類成本降低的最佳機會。

但尚有一絲希望。

埃呂爾寫過：宣傳使得「民主」的實踐變得幾乎不可能發生（第 xvi 頁）。而隨著社群媒體持續供養著宣傳機器，許多評論家也會警告我們這正是在敲響現代民主的喪鐘。然而，這些促進訊息操作以增加社會兩極分化和可能撼動選舉結果的工具，恰好也是可以幫助我們抵制宣傳的工具。

埃呂爾也曾說過，由於宣傳缺乏人性化且減少了個人和集體的訊息媒介，因此「宣傳會在簡單對話訊息開始形成之處偃旗息鼓」（第 6 頁），而最容易開始對話的地方，不正是社群媒體嗎？

我們都知道，要消除社群媒體、網路，並渴望回復舊有的人類聯繫形式都很容易（對了，那些老舊的聯絡方式都還沒有完全消失）。但正如新媒體學者克雷・薛基（Clay Shirky）所說：「我們所處之際的變化並非輕微，亦非我們是可以有所選擇的，不過這些變化的輪廓也並非一成不變。」他接著說道：

---

22 摘自 Jacques Ellul，《Propaganda: The Formation of Men's Attitudes》（宣傳：人類態度的形成），第 x 頁。

人類舊有的訊息消費習慣並不完美，它們只是生活在貧苦環境下的副作用。我們對剛剛遇到「偶然稀缺」的懷舊，其實只是一場餘興節目；主要的媒體事件是在試圖塑造前所未聞的、表現能力最大的拓展[23]。

目前的媒體格局與十年前的情況完全不同。隨著社群媒體動態消息的不斷更新、一直提醒著我們，在這個全新的世界裡，沒有什麼是一成不變的。不過情況還沒到最糟，在維持平台的消費者和內容製作者間，我們確實還有機會重新塑造它們。

但是要能夠做出那種抵制、重建媒體和社會藍圖的工作時，首先必須知道它們是如何運作的。在接下來的兩章裡，我們將深入探討人類在參與訊息時的運作方式，然後深入了解宣傳系統的作業方式。這些知識，加上本書後半部分裡充滿希望和悲劇的實際範例，都將為尋求解決宣傳的問題，提供立足點。

但就目前而言，我要留下一些曾經聽過的、最好的新媒體建議。

請把沙子丟到你大腦裡的「注意力自動化」機制中。

— 霍華德·萊恩格爾德（Howard Rheingold）[24] —

---

23 Clay Shirky，「Why Abundance Is Good: A Reply to Nick Carr（為什麼豐足是好的：對尼克·卡爾的回應）」，Encyclopaedia Britannica Blog，2008.07.17，http://blogs.britannica.com/2008/07/why-abundance-is-good-a-reply-to-nick-carr/。

24 《Net Smart》（聰明網路使用手冊），第 50 頁。

1

注
意
！
◇◇
訊
息
過
量
會
影
響
我
們
觀
看
媒
體
的
方
式

▶ 本章總結

我們從本章了解到西方資本主義已經從以商品為基礎的經濟，轉向為以注意力為基礎的經濟。這種供需方式逐漸控制著我們與訊息交流的方式，涉及到的是供應有限但需求增加的人類「注意力」，而非訊息、商品或服務。

演算法推薦引擎和社群媒體訂閱的出現，協助用戶找到最相關的內容並幫助媒體製作者找到最合適的觀眾。然而媒體製作者競相爭奪我們注意力的方式、收集足以使演算法運作的個人數據量，以及認知系統的自然作用方式彼此相互結合，讓現代媒體格局成熟到可以進行「宣傳」。

但是，如果我們了解經濟、生物與技術，就可以開始抵制負面影響，甚至使用相同的工具來處理宣傳的問題。

系統中的認知機制

大腦的限制為何讓我們容易受到「認知駭入」的攻擊

▼

在注意力經濟中，了解「認知心理學（cognitive psychology）」的人，可以讓提示者（或消除提示者）在「影響」觀點方面，佔有主場優勢。例如了解哪些事情可以引起人們的關注？如何維持這些關注？以及隨著時間的推移後，該如何以符合目的的方式繼續操縱注意力？在我們完全掌握技術如何影響意見方面的作用之前，這些都是必須先找到答案的「關鍵問題」。

▶點擊誘餌：你不敢相信接下來發生的事！

難道有人不討厭「點擊誘餌（clickbait）」嗎？那些線上新聞的標題例如「這位父親在嬰兒床上發現響尾蛇，你不敢相信接下來發生的事！」或是「死前需要嘗試的 27 個新的晚餐計畫！」。這些聽起來既便宜又俗氣的標題，是基於對數百萬線上用戶點擊習慣的研究而細心設計。搜尋「如何撰寫病毒式標題」之類的內容，你就會發現大量的網路行銷教學，教你如何使用「奇數」和「短語」來產生緊張感。

為何這些標題（以及附帶的文章）變得無處不在呢？點擊誘餌或許比其他任何東西，更能代表現代網路上的生活。豐富的免費內容與注意力經濟的限制，都使媒體機構必須競爭這些點擊和它們所代表的廣告費用。但是，就算是高品質的內容也不難找到，或是花一點小錢就能找到，所以許多媒體不再競爭擁有「最好的」內容，而是要擁有「最引人注意」的內容。

這是因為在注意力經濟中，那些高度成長的媒體並非那些「控制訊息」的人（或者說那些看過最多書或能寫出最佳內容的人），在注意力經濟中，能夠茁壯成長的媒體便是能夠「控制注意力」的人，亦即那些能夠掌控注意力，足以吸引他人並維持注意力的人。

但到底何謂注意力？為什麼我們在任何特定時刻所看到的一、二或三件事物，可以如此輕易地壓制我們藏在腦中的大容量記憶庫呢？

▶ 映射認知系統

請想一下你的電腦。電腦把資料儲存在幾個不同的位置 —— 硬碟、RAM
（記憶體）、處理器暫存區（CPU Cache）等，每個部分都有自己的功
能，並有其特定的優點和缺點。硬碟是最大的資料儲存庫。即使是我的
13 吋筆記型電腦，也能在硬碟上保存幾 TB 的資料。但與其他類型的
儲存裝置相比，它在讀、寫和清除資料方面，速度最慢且效率最低。

另一方面，RAM 容量比較小，但也更快、更靈活。由於其功能和容量
有限，因此應用程式一直在爭奪它的用量大小，而且「記憶體管理」也
是優化任何應用程式或演算法性能的關鍵因素。

再小、再更強大的便是處理器本身的暫存區，這是電腦計算行為發生之
處。但根據處理器本身的能力來看，它受到了嚴重限制。這是因為如果
你不會再用到暫存區的話，在此儲存的資料就沒有任何意義。因此電腦
的資料處理能力，決定了你可以利用這些資料數據來做什麼事。

這種硬碟、RAM、暫存區、處理器的模式是人類認知系統的有效模擬。
當然可能過於簡化，但這是個有用的起點，也特別適合用來讓你知道大
腦如何與（大）數據互動。

從許多方面看，大腦就像一個大硬碟，這也就是為何我們要將電腦的資
料儲存形式稱為「記憶體」的原因。大腦和硬碟都將訊息儲存在小型、
分層組織的元件中，這些元件透過電流信號激活、傳輸和複製。一些認

知科學家甚至使用「位元」這樣的説法，來描述我們大腦所處理的訊息[1]。

但是，大腦並非分成大量資料／慢速儲存，快速／高效儲存和資料處理的各種獨立器官，而是在一個大型、複雜且靈活的器官中，完成全部的資料處理。不過，大腦的能力與電腦的工作方式確實類似（從技術上講，它是像以大腦形式工作的電腦）。

大腦裡大部分的儲存元件的效率較低，而且大腦的「處理器」無法直接存取資料。這個部分通常被稱為長期記憶（LTM），你我在這裡記錄了生活事件（情節記憶）、身體技能和過程（程序步驟記憶），以及重要訊息如朋友的身份或詞語的意義（語義記憶）[2]。這些記憶量相當龐大，每個人類大腦的容量就像是包含了整個宇宙裡的恆星、行星和各星系訊息一樣的複雜[3]，但你卻無法像電腦般立即叫出某段記憶。

因為這種動作會讓大腦難以負荷，所以你必須靠一些東西來協助管理大腦的資料數據。

---

[1] 引自「Shannon–Weaver equation（夏農－威佛方程式）」，由 Claude Shannon 與 Warren Weaver 在《The Mathematical Theory of Communication》（傳播的數學理論）所提出，Urbana, Ill.: University of Illinois Press，1949。

[2] Alan D. Baddeley，《Human Memory: Theory and Practice》（人類記憶：理論與實踐），East Sussex: Psychology Press，1997，第 29 頁。

[3] Christof Koch 與 Patricia Kuhl，「Decoding 'the Most Complex Object in the Universe'（解碼 "宇宙中最複雜的物體"）」，Ira Flatow 訪問，Talk of the Nation, NPR，2013.06.14，www.npr.org/2013/06/14/191614360/decoding-the-most-complex-object-in-the-universe。

▶ 有意識注意力的限制

這就是為何我們需要「工作記憶（working memory）」的原因，工作記憶是科學家稱之為「中央執行者」（也就像是大腦的 CPU）和幾種獨立資源的「短期」高效能儲存組合，通常被稱為「短期記憶」（STM 就像是大腦的 RAM）[4]。

這樣想吧，每次形成記憶 —— 例如你所經歷過的每個事件、認識的每個字、每個朋友和家庭成員、學到的每一項技能等，都儲存在你的長期記憶中（LTM）。因為需要能量（以電流信號的形式）來使用這些記憶，所以只有部分記憶被「激活」，就像啟動了應用程式準備使用，或是從書架上取出一本書，準備開始閱讀一樣。

這就是「短期記憶（STM）」。當某些東西被激活並放置在 STM 中時，除非我們特別讓它保持活力，否則它們便只會在那裡停留很短的時間（認知音樂學家稱這種作品是「排練」，但它實際上很像是在到期之前即時更新了資料庫）。

當記憶在 STM 中時，我們可以用它們做更多的事，像是把它們按順序排列，建立彼此之間的關係，做更高級別的分組（可稱為計畫）。然而我們所謂的 STM 中，只有一部分形成了有意義的意識，當下即時處理的訊息內容相當少，而這些少量訊息便構成了我們關注的焦點。

4　同註 2。

▶ 注意力的觸發點

注意力非常珍貴。如此高度的神經激活，以及正在進行的處理過程，都需用到大量的能量。這種處理的能量同樣非常珍貴。因此，大腦會將一小部分時間和數據保持在較低的激活狀態，以避免用上如此昂貴耗能的意識力。

當然，這種高效有序的系統需要結構，也就是決定我們該注意什麼、什麼時候該注意的規則。而在面對外部刺激如視覺、聲音、氣味等，經過人類數千年演化過的自然選擇後，便出現許多優先順序的規則。

正如我們已經討論過的，人類的遺傳密碼主要是由我們的古代祖先為生存而奮鬥所形成[5]。因此，150,000 年前在大草原上跟生死存亡相關的事物，在今日更可能引起我們的注意。如果有人偷偷溜到你身後，突然發出響亮的聲音，你會嚇得跳起來，大量吸入額外的氧氣（喘息），你的頭髮會豎起來（這是祖先遺留下來的，讓自己看起來更大更猛的方法），心跳也會加速（準備為肌肉提供額外的氧氣，以便用來進行戰鬥或逃離）。也許更令人驚訝的是，如果他們打算再次偷偷嚇你，但這次他們先警告你了，雖然這次你知道一切即將發生，但某些相同的生理反應仍會出現。

---

[5] Jerome H. Barkow, Leda Cosmides, 與 John Tooby（eds），《The Adapted Mind: Evolutionary Psychology and the Generation of Culture》（適應的思維：進化心理學與文化的產生），New York, NY: Oxford University Press，1992。

人類的某些祖先倖存下來，便是因為這些反應如此快速和可靠，以致於大腦永遠無法將它們關閉（事實上，這類反射動作裡的某些形式，被稱為「脊髓反射（spinal reflexes）」[6]，是由脊髓所引導的，因為從神經衝動的光速衝到大腦再回來，仍舊花了太長的時間！），因此倖存下來的祖先，將他們那種躲避劍齒虎的基因，傳遞給了我們。

其他記憶（也就是那些對我們祖先在生存上不太重要的記憶）可以被努力回憶起來即可，例如那個人到底是誰？電話號碼多少？我進房間好像是要拿東西，到底要拿什麼呢？

還有一些讓你覺得更自然、更自動化的事情。有時你可能必須在工作的第二天，努力回想起新同事的名字，但你卻不需要任何努力就記住配偶、女友或孩子的名字。這是因為在我們的「大數據」中，大腦就是世界上最先進的預測分析引擎。

大腦對於經常造訪的數據資料，通常會比很少取用的資料更處於「激活」狀態，就像雖然你很努力嘗試要按字母順序排列整理調味料，但胡椒粉總是會被放在櫃子前面中間一樣。而跟我們已帶入更高激活狀態的其他記憶相關的記憶，同樣也會被激活。這就是為什麼你可能不記得某個密碼或電話號碼，但當你坐在鍵盤前或拿起電話時，突然就想起來了，認知科學家稱這種作用為「促發（priming）」。

---

[6] James Knierim，「Spinal Reflexes and Descending Motor Pathways（脊柱反射和下行運動通路）」，Neuroscience Online，University of Texas McGovern Medical School，2019.02.08，https://nba.uth.tmc.edu/neuroscience/s3/chapter02.html。

促發是大腦管理記憶的重要部分。它可以預測我們的需求，及時提供你所需要的快速回應（預作準備），同時保持低耗能。但因為促發是人類管理注意力的關鍵因素，因此它也可以被其他行為使用，結合處理刺激的「實體連線」演化規則，指揮我們的注意力，並局部的控制我們思考世界的方式。

▶ 熟悉生信任：無意識記憶的作用

我們不斷評估感知到的一切，到底安全或危險？是好還是壞？令人興奮或無聊？耐心期待或出現驚喜？…這些感知評估融入了情感經驗。當某些事情令人驚訝和感到危險時，其結論就是害怕。如果這種驚訝和危險的看法長期吸引我們的關注時，其結論就是恐怖。從另一方面看，如果這個令人驚訝的事情變得不那麼危險的話，結果可能就是笑聲，或是如認知科學家 David Huron 所說「令人愉悅的大喘氣（pleasurable panting）」（因為人體回應了面對恐懼所吸入的那些氧氣）[7]。

如果事情可預測且無害，那麼結果可能就是「無聊」，尤其如果這種事持續很長一段時間的話（想想那些你覺得無趣的音樂會或演講，而且還走不掉）。換個角度看，如果某些東西難以預測、但也無害，其結果可能就是迷惘，如果迷惘持續很長的時間，可能又會覺得沮喪[8]。

---

[7] David Huron，《Sweet Anticipation: Music and the Psychology of Expectation》（甜蜜的期待：音樂與心理期待），Cambridge, Mass.: The MIT Press，2006，第 26 頁。

[8] Patrick Colm Hogan，《Cognitive Science, Literature, and the Arts》（認知科學、文學與藝術），New York: Routledge，2003，第 9-11 頁。

這就是很多人在聽「前衛（avant-garde）」音樂時，獲得那種令人毛骨悚然感覺的核心，或者當他們體驗其他前衛藝術形式時，所形成的排斥感。那些雖然只是音樂、繪畫或雕塑，但實際上卻能如此強烈引起我們的注意，而且會延續很長一段時間。大腦不知該如何理解這些，而且從演化的角度來說，這是非常糟糕的情況。我們的祖先會對這種情況產生情緒反應，讓他們在未來嘗試避免這種情況發生，也只能說一切完全合理。

情緒可以是一件相當複雜的事，整本書幾乎都與「情緒認知學」有關。但由於本書主旨在理解人類如何與網路媒體互動的探究，所以我們只想涵蓋幾個關鍵要素。包括影響我們判別假訊息、錯誤訊息和判斷網路「假新聞」的能力（或缺乏能力），還有那些讓社會形成兩極化的問題。

我們將從簡單但威力驚人的事情開始談起：也就是純粹的「曝光效果（exposure effect）」。

由於人類過去的演化經驗，我們總是在「評估」遇到或感知到的東西（也就是會刺激我們的），到底是正面的或者是負面的東西（科學家將這些刺激的正面積極性或負面消極性稱為「效價、valence」）。

人類的「生／死」演化史便代表我們可以非常快速地進行某些評估，因為這些快速的判斷可以挽救我們的生命，但如果它們在某些社會環境中無意識的發生時，可能就會形成過度類化的刻板印象，甚至導致偏頗的性別歧視和種族主義等。

當我們遇到刺激事件時，有助產生積極影響的因素之一，便是大腦是否可以輕鬆處理它所感知的內容，我們稱之為「感知流暢度（perceptual fluency）」。如果大腦可以快速且無困難地處理、理解和評估這項刺激，則其結果便會是正面的情感或情緒。舉例來說，就像為何鋼琴（和耳蝸）對於彼此相鄰的音符是「不和諧的（dissonant）」，無法形成令人愉悦的和弦[9]。因為大腦難以處理的事情包括類似的顏色、聲音或外觀等，這些難以區分的感知項目也會難以被歸類，因為「類化」才是大腦喜歡使用的方法。

多數情況下，顏色、音調的差異，屬於實體上的連結差異。你可能可以透過藝術和音樂訓練，做出比一般人更好的判斷，但並非更精細的判斷。因為我們的內耳和視網膜都存在著物理限制，同時也限制了人類進一步精細發展感知的能力。

不過其他的差異倒是可以透過學習獲得，例如我們會透過反覆的接觸來學習語言、身體姿勢、各種表情和技能等。

因為大腦可以藉由「預先激活」可能用到的記憶來節省能量，而且人類「經常遇到」的事情總比「很少遇到」的事情來得多（全新的事情更少），所以大腦預先激活解析熟悉事物的耗能，會比解析不熟悉的事物來得更節能。結果就是大腦處理熟悉的事物，比處理不熟悉的事物更快也更容易。最後，由於快速、簡單的處理與正面的反應相關，因此在其他條件相同的情況下，熟悉的事物往往會比不熟悉的事物，更能引起積極正面的情緒。

---

[9] R. Plomp 與 J. M. Levelt，「Tonal Consonance and Critical Bandwidth（音調和臨界頻寬）」，Journal of the Acoustical Society of America 37，1965，第 548-560 頁。

這很合理，當一首音樂以我們預期的方式結束時，感覺很好。因為沒有驚喜，一切都在正確的軌道上。即使我們沒學過音樂理論，解釋「應該」發生的事情或原因，也能理解這種正確的感覺。這就是為什麼就算是在家裡，看到乾淨的房子或維護良好的花園，都會讓我們感到放鬆，因為當一切都「應該如此」時，我們的大腦可以很容易的理解周圍的環境，即使是新環境也無妨（請記住，人類長期的演化，代表我們總是會遇到危險！而一個乾淨的環境、井然有序，會讓我們更容易掌控環境的安全性，也更容易使我們放鬆警覺）。

許多科學研究都證明了這些規則確實會發揮作用。在一項相當著名的研究裡，研究人員向他們的受試人員（完全不懂中文意義的人）展示了一系列的中文字，並要求他們為每個字可能代表的意義賦予一個形容詞。研究結果顯示，受試者面對以前曾經看過的中文字，比起從沒看過的中文字，更傾向於使用較為正面的形容詞 [10]。

雖然看起來是相當簡單的研究，但實際結果很明顯，以前接觸過某個字可以導致與該字相關的正面性，在統計上明顯增加。而且無論受試者是否理解該事物的意義，都會發生此種現象！這就是因為人類演化出這種「統計上」的無意識覺醒。

---

10 Jennifer L. Monahan, Sheila T. Murphy, 與 R. B. Zajonc，「Subliminal Mere Exposure: Specific, General, and Diffuse Effects（曝光心理：特定、一般和擴散效應）」，Psychological Science 11/6，2000，第 462–466 頁。

我一直很喜歡「音樂認知研究」，因為它們提供了某些關於這類「現象」最有趣的觀點。而且已經進行過大量的研究，來判斷人類如何將他們聽到的音樂模式「內化（internalize、內在化為準則）」[11]。

這些研究包括追蹤頭部或眼睛的運動，來測試嬰兒想聽的音樂，或是要求人們唱出他們認為接下來可能出現的音符，讓受試者判斷一個音符「適合」某段旋律的程度，甚至給受試者錢，要求他們下注哪個音符可能會出現等，這些研究幾乎已經從各種角度進行過研究。

不過，他們通常會得出相同的結論：也就是即使我們無法解釋這些判斷背後的原因，還是可以歸納出人類非常善於透過反覆接觸來學習「模式（pattern）」，並根據學到的模式做出預測和判斷。

其中有一項研究[12]是讓西方音樂家一次聽某旋律的一個音符，但該旋律來自於他們都不熟悉的風格 —— 峇里島「甘美朗（gamelan）」音樂（若你從未聽過或看過峇里島的甘美朗音樂，請在 YouTube 上找影片來看，非常令人難以置信的音樂）。這種音樂不僅遵循完全不同於西方古典樂、流行樂、爵士樂、藍調、鄉村音樂、藍草（bluegrass、蘇格蘭移民音樂）音樂的規則，而且是基於不同的音階系統，完全非西方的音

---

[11] 舉例來說，Aniruddh D. Patel，《Music, Language, and the Brain》（音樂、語言和大腦），Oxford: Oxford University Press，2008；Huron，《Sweet Anticipation》（甜蜜的期待）；Patrick N. Juslin and John A. Sloboda，《Music and Emotion: Theory and Research》（音樂與情感：理論與研究）Oxford: Oxford University Press，2001；以及《Music Perception》（音樂感悟）雜誌，僅舉幾個例子。

[12] Huron，《Sweet Anticipation》（甜蜜的期待），第 53–55 頁。

樂。你無法在甘美朗上演奏貝多芬，也不能在鋼琴上演奏甘美朗音樂，兩者無法互通。

由於這一點，再加上西方音樂家對該風格的不熟悉，讓它成為一種很好的方法，可以用來測試人類（而且是專業的西方音樂家）在這種情況下，如何從頭開始「學習」一種全新的音樂風格。

實驗者先演奏甘美朗旋律的第一個音符，並要求每個受試者猜測他們認為接下來最有可能的音符。猜測當然就只是：猜測，並不會有比猜測下一個音符更好的預測方式。在兩、三個音符之後，仍然只能算是亂猜一通。但隨著旋律進展，受試者得到更多的背景訊息後，他們的預測也會有所改善。

請大家記得，這些音樂家並未學習過這種音樂風格的規則。事實上，他們也完全錯失這種音樂風格的某些核心元素。不過他們正在學習這種音樂風格、基本趨勢和比例上的統計數據。在聽到足夠的旋律之後，如果到目前為止的旋律有更多的 C 而非降 E，他們就會更常預測是 C。當整首旋律結束時，儘管這些人完全不是甘美朗專家，但他們的預測能力明顯優於剛開始的亂猜一通。

這種快速、詳細且無意識的學習模式能力，是人類的核心組成成分之一。這是我們學習第一種語言的主要能力。我們並非天生具有英國基因、日本基因或波斯基因。也沒有在黑板前坐下來學習如何移動嘴唇、下巴和舌頭來說「媽媽」或「爸爸」。

我們天生具有學習的遺傳傾向，大腦會在經常聽到的模式上徘徊，並且竭盡全力模仿它們，因而可以提高我們模仿這些模式的能力。而基於模

式進行預測和評估的能力，也是人類的一部分，甚至導致了人類最深層的缺陷，包括對陌生人做出負面甚至暴力反應。我們的種族主義、性別歧視、同性戀恐懼症、變性恐懼症，排外心理…都來自於對陌生人的負面反應，以及那種古老的、對不熟悉事物產生危險和威脅的聯想。

當然，現在評估起來尚包括其他因素。如前所述，大腦會隨著時間的推移形成關聯，例如我們一再在相同環境中（而不是在實驗中）重複遇到的事物，便會扮演重要的角色。但如果遇到的事情是平衡的、熟悉的、甚至是不自覺的熟悉時，更會導致我們對於事物、人或想法有更正面的評價。

這種心理學的核心原則，構成了廣告實踐的基礎。

例如產品置入的情況，只要將產品微妙地包含在電影或電視節目中，就像商業廣告一樣，透過重複遇到而讓該產品變得更熟悉，亦即稍微加以預先「激活」，讓你將來在決定是否要購買時，「促發」更正面的評價。

它們可能會像電影《ET》中的 Reese's Pieces（花生奶油糖果）一樣，直接影響你的想法，或者可能更加微妙的做法，就像畫面裡放在桌子旁邊的汽水罐上的標籤一樣。原則都是同樣的：當所有其他因素相同時，重複遇到的事物會導致較為正面的評價。

廣告界有個非常成功的相同案例，亦即白色的 Apple 耳機[13]。當初圍繞 iPod 本身的行銷重點是它的小尺寸，甚至是隱密性（藏在口袋裡的

---

13 Sasha Geffen，「The iPod May Be Dead, but Those Iconic Ads Still Shape the Way We See Music（iPod 可能已經過氣了，但那些經典廣告仍然影響著我們看待音樂的方式）」，MTV News，2016.05.12，www.mtv.com/news/2879585/ipod-ads-in-music-culture/。

1000 首歌！）。由於 iPod 較難推銷作為「隱藏設備」的身份，也就是商品行銷的那種「看啊！我也要有一部！」的方式。然而，當時搭配的耳機則非常罕見。透過為每部新 iPod（以及後來的 iPhone）只留下一對出色的白色耳機的做法，讓設備可以保持低調，藏在每個人的口袋裡，由耳機來扮演行銷的主角。

Apple 的視覺廣告也充分利用這點。還記得 Apple 的廣告、海報和雜誌廣告頁上的黑色人形輪廓嗎？記得這個人是在單一、實色、明亮的顏色背景前跳舞嗎 **14**？舞者總是在手裡拿著一個 iPod（也是黑色剪影）。照片或視頻中唯一的其他元素是 Apple 耳機。廣告裡白色與黑色與背景的紫紅色／橘色／綠色…形成鮮明的對比，成為廣告的視覺焦點。

在廣告裡突顯的耳機以及在街上或車上看到的耳機印象相互加強，產生了無處不在的感覺，並提高符號的熟悉度。從來沒人能夠利用這種從耳朵和口袋之間的連接線顏色，引發我們對特定品牌的思考連結（而且是正面的）。但透過選擇一些罕見且可見的東西，並用他們作為視覺廣告的素材，再以利用大腦運作方式的作法來加強，Apple 辦到了。

然而，熟悉度本身並不能完全保障都能得到正面回應。因為相同的白色耳機不斷出現，一旦達到市場飽和點，可能就會適得其反。例如有些人會開始覺得白色耳機是噱頭，其他人則可能只是不想跟別人一樣。那麼到底出現多少次才算太多了呢？

---

14 「2003: Apple Releases its Silhouette Campaign for iPod（2003 年：Apple 發佈了 iPod 的輪廓廣告）」, The Drum，2016.03.31，www.thedrum.com/news/2016/03/31/2003-apple-releases-its-silhouette-campaign-ipod。

這也是廣告商幾十年來一直自問的問題。如果花完就沒有行銷預算的話，一次超級盃廣告就會變成不值得的昂貴投資，但經常性的分開在每個節目的每個廣告破口投入同一個廣告，也可能得到反效果。請記住，當某些東西變得太過熟悉時，就無法引起我們的注意，那些浪費的資源便會導致負面反應。因此找出「甜蜜點（sweet spot）」（每個人都不同）便是廣告遊戲的主要部分 [15]。

也請記住，當兩個東西在我們的記憶裡相互關聯時，激活一個便會同時激活另一個 [16]。因此，反覆接觸白色耳機，會增加對耳機和它們相連設備的熟悉程度，產生正面聯想。而且必須在你尚未與耳機、iPod 或 Apple 公司產生負面關聯的情況時。這也就是為什麼一般企業在發生重大產品醜聞之後，公司經常需要重新命名（無論是重新命名產品或公司名稱）的原因。

我想你已經可以看到社群媒體和大數據分析的潛在影響了。如果經常看到某事物並不好，頻率太少效果又不夠，而且每個人的甜蜜點都不相同，那麼將某人看某廣告的頻率「個人化」，便可優化其廣告效果。同樣的，如果一個人的記憶關聯，會影響看到或聽到某些東西時所具有的正面或負面評價，加上不同的人本來就會具有不同的關聯，那麼「個人化」廣告的內容，便會有最佳的效果。

---

[15] Erin Richards，「Cognitive Efficiency Determines How Advertising Affects Your Brain（認知效率決定廣告如何影響您的大腦）」，Science 2.0，2008.12.09，www.science20.com/erin039s_spin/cognitive_efficiency_determines_how_advertising_affects_your_brain。

[16] Donald O. Hebb，《The Organization of Behavior》（組織行為），New York: Wiley & Sons，1949。

當然，每個人並非在一切方面都是獨特的。雖然你我可能會對同一個廣告做出不同的反應，但在相同的時間讓我們看同樣的內容，我們也可能會跟其他人做出類似的反應，產生某些相同的效果。因此，廣告商一直將我們以年齡分類在一起，例如年齡在「18～25歲」之間的單身男性，來自中上階層家庭的「年輕」女孩、「退休」有醫療保險的工人階級鰥夫、城市居民、郊區居民、自耕農等等。行銷人員根據統計資料將人們分組，分類進行市場調查，然後將廣告投給對應的族群。

這就是為什麼在兒童電視節目裡播放的玩具廣告，會比在白天的肥皂劇裡播得更多的原因。

但電視廣告並無法像廣告客戶要求的那樣定位精確。那些最可能買 X 產品或投票給 Y 候選人的觀眾，是否會在相同的無線／有線／衛星電視台，在同一時間觀看同一個節目？當然，就算根據我們的電視收視習慣、早上通勤時聽的電台偏好以及雜誌訂閱的種類，我們的身份也都無法被定義或收集。

然而網際網路徹底改變了這個情況。

網路技術讓廣告商（以及各種訊息供應者）可以縮小目標到一小群人身上，如果真的知道他們正在做什麼的話，甚至可以鎖定到個人身上（大多數主要線上平台都禁止以個人為目標的廣告，但是對於聰明且道德感不強的訊息操作者來説，繞過禁令的方法很多）。

如果最佳內容和時機都是個別不同的，那麼具有相似偏好或關聯性的一群人，由於在觀看電視節目或通勤收聽的時間並不相同，因而會讓鎖定線上目標投放廣告，變得更有機會。在每個造訪過的網站環境裡，我們

所點擊的每個連結、觀看的每張圖片或影片、收聽的每首歌曲、每個讚、每次轉發、每個憤怒表情符號等，都被記錄下來供廣告商使用（至少可以當成過濾器），那麼我們似乎就真的可以開始把人類認知的各種知識，運用到行銷的操作上。

在一個只要是「廠商贊助」都是有效廣告的世界裡，廣告的功能就不再只是賣東西而已。就像是政治標語一樣，也可以讓記者和自由撰稿人推銷他們的工作，獨立音樂家可以找到聽眾，發明家可以讓原型機進行眾籌。任何想要傳達訊息或影響人類行為，並有資金在背後支持的人，都可以用精細的方式瞄準個人，而不必自己去抓取任何數據。儘管平台存在各種限制，但不道德的操作者確實可以進行一些非常陰暗的勾當（更多內容將在後面的章節裡揭露）。

▶ 本章總結

讓我們總結一下本章學到的東西。大腦是一個龐大而複雜的訊息系統，具有最佳化的儲存解決方案和強大的預測分析引擎。這是真正的智能，市面上最好的 AI 系統仍在試圖追上大腦。而大腦優化的訊息儲存和預測分析演算法的結果，便是一個被稱為「注意力」的環節──亦即我們可以在任何特定的時間裡「思考」少量的訊息，包括來自五種感官的記憶和訊號等。

在生物學上，注意力可說是非常的強大有用，但也非常的昂貴耗能，因此人的注意力只能「限量供應」。在人類演化的過程裡，我們已經發展了優先處理訊息的過程，形成有意識的關注，包括某些類型的刺激是優

先考量的直接連線，以及學習新的優先事項並加以聯繫的能力，以便管理我們寶貴的注意力。

這類學習的主要內容之一便是統計頻率（熟悉度）。人類經常參與的記憶會保持「預先激活」，讓你隨時可以輕鬆取用。我們還可以學習記憶和刺激之間的關係，當記憶中的某件事產生相互作用時，大腦裡與之相關的所有事物，也會同時提高它們的激活程度，使我們更容易處理預測發生的可能事物。

我們也學會在其他條件相同的情況下，當感知容易於處理時，便形成正面的情緒反應。而「無意識的熟悉」，更可成為感知事物「正面」反應的強大推力。

當然，某些事物熟悉的程度，以及我們是否有意識到這種熟悉程度，跟自己可能已對該事物做出的正面和負面的聯繫，絕對是高度個人化的。雖然廣告商幾十年來一直將我們分成各種目標群組，並提供可能對我們所屬的特定族群最有效的廣告，但最佳的解決方案將會是個人化廣告。

但完全個人化的廣告會產生一些問題。首先，為了運作之故，必須記錄關於個人的大量數據，而我們可能認為這些資料是私密的。這包括你所看到、聽到、聞到、嚐到、觸摸過的內容，以及與之互動的環境，還有你在不同背景下的各種反應。如果沒有這些相關數據，就必須用到填補空缺的各種手段（第 3 章會提到更多內容）。

假設廣告商擁有了以他們想要的方式，操縱我們觀看廣告所需的各種大數據，這種完全個人化的廣告，便可能對我們的行為和心理產生影響，然而這些影響並非廣告商所能完全預測或想到的。而且有意和無意間的

影響，更難加以規範。因為看到相同廣告的人群，比起電視市場或特定雜誌的訂閱者更少、更分散。最後，為了使這種「超定位」廣告有效而收集到的（私人）數據，一旦被出售、洩露或被駭客攻擊時，會發生什麼情況呢？

我們將在第 4 章及本書稍後解開這些謎團。但我們應該先了解一下注意力經濟、認知侷限以及個人化的、針對性的內容等，如何在現代人類社會日益趨向集中化的特點裡共同運作，也就是下一章的重點：演算法下的「新聞饋給（news feed）」。

3

逆流而上

內容推薦引擎如何影響訊息並操縱你的注意力

▼

過去二十年，隨著世界從訊息經濟轉向注意力經濟，我們幾乎也同時從大眾媒體轉向社群媒體。媒體數量的急劇增加，衍生出篩選機制的需求。於是，「內容推薦系統」便成為社交／訊息問題的技術解決方案。了解推薦系統演算法如何運作，以及它們如何強化（甚至誇大）無意識的人類偏見，對於理解大數據影響觀點的方式至關重要。

▶ 有什麼新鮮事？

線上廣告可以進展到不可思議的地步。

不久前我太太在 Facebook 上發現一則奇怪的廣告。Facebook 暗示她可能對一套露台座墊感興趣。她認為這點相當有趣，因為她剛剛和媽媽講電話，媽媽告訴她正在網路上搜尋這種墊子！

幾個星期後，同樣的事情也發生在她多年沒去購物過的商店裡的一盞檯燈，但她的父母剛去過這家店。但因為我們上個月去過岳父母家，所以我問她上次回父母家裡時，是否在他們的電腦上登入了自己的 Facebook？答案是肯定的。雖然她在看完以後登出帳號，但 Facebook 安裝到她父母電腦裡網路瀏覽器中的 cookie 仍然在那裡。

當她打電話回家時，父母正打算在網路上購買座墊和燈具。在那部電腦上進行過一些搜尋（以及信用卡購買）後，父母的購物紀錄已經與她在 Facebook 伺服器上的個人資料同步。因此，當她的父母搜尋家居用品時，她也被推薦看到類似物品的廣告。

在這種情況下，Facebook 犯了一個錯誤，把她的線上身份與父母的身份混為一談了。不過有時候這些平台也可能正確得太過份了。

你可能在幾年前已經在新聞裡聽過這樣的故事。一位父親非常高興收到 Target（百貨公司購物網站）發來的廣告，是發給他才十幾歲的女兒，鼓勵她購買尿布、嬰兒床、嬰兒服飾以及其他與懷孕有關的商品。於是他回覆訊息給該商店經理：「你們是想鼓勵我女兒懷孕嗎？」。幾天之

後，經理打電話向這位父親道歉。但這位父親卻告訴他：「事實證明我家發生了一些我不知道的事，我女兒預產期是八月，我向你道歉」。[1]

從這件事可以證明，Target 跟許多目前的零售商一樣，正在利用客戶的購買紀錄來預測未來的購買情況，並根據這些預測向他們推送廣告和個人化的優惠券，這些都是為了讓現有客戶能把 Target 變成他們的一站式商店。

然而，不只廣告商會把用戶數據餵給產生「超定位（hyper-targeted）」結果的預測模型使用。在沙費雅・諾布爾（Safiya Umoja Noble）的著作《Algorithms of Oppression: How Search Engines Reinforce Racism》（演算法的宰制：搜尋引擎如何惡化種族歧視）一書中，講述了一個令人難過的 Google 搜尋故事。身為一名在美國鄉村長大的女性，為了跟女兒及朋友分享成長資源，Noble 用她的筆記型電腦，在 Google 上搜尋「black girls」。她說：

我幾乎是在無意之間，把她們的資料暴露給廣告商所想到的最明顯和最公開的插圖：因為黑人女孩仍然是色情網站的素材，他們會把這些照片資料當成商品、作為產品，變成滿足性慾的物件對象。於是我關掉筆記型電腦，把注意力轉向了大家可能會感興趣的正常事情，例如一起去街上看電影[2]。

---

1 Charles Duhigg，「How Companies Learn Your Secrets（這些公司如何了解您的秘密）」，The New York Times Magazine，2012.02.16，www.nytimes.com/2012/02/19/magazine/shopping-habits.html。

2 Safiya Umoja Noble，《Algorithms of Oppression: How Search Engines Reinforce Racism》（演算法的宰制：搜尋引擎如何惡化種族歧視），New York University Press，2018，第 18 頁。

諾布爾的書充滿了各種其他的搜尋案例，就像我們在第 1 章中所作的搜尋研究。根據這個社會的偏見和偏差所出現的搜尋預測結果 —— 搜尋「猩猩」的圖片，會得到非裔美國人的照片；搜尋「女孩」會得到比搜尋「男孩」更成熟、更性感的結果等等。

在這些情況下，搜尋結果並非「個人化」—— Noble 顯然並不想在 Google 搜尋引擎搜尋結果的第一頁裡，尋找色情內容。但其結果卻帶來了創建演算法的程式人員偏見，以及所有搜尋「黑人女孩」用戶的共同偏見，而且很明顯的，點擊連結到色情內容的頻率，遠遠高於連結到真的為「黑人女孩」賦予年輕女性色彩的網站。而這些搜尋預測上的偏見，代表了「大多數用戶」想要看到的結果。

目前 Google 已經解決了這個問題。現在，在我的電腦搜尋正常中性名詞「黑人女孩」（即使關閉 SafeSearch、安全搜尋），也會出現「Black Girls Rock！」和「Black Girls Code」等正常網站，以及黑衣女子穿著整齊的圖片（但請注意，仍然只有少數圖片是真正的黑人女孩，而非成年黑人女性。雖然已經進步了，但同志仍需努力⋯）。

但如果搜尋本身並非中立呢？如果明確搜尋種族主義呢？

在恐怖分子迪倫・盧福（Dylann Roof）於 2015 年在南卡羅來納州的查爾斯頓進行大規模屠殺之前，他留下了一份「宣言」。在那份宣言中（並且讓我明白，我無法接受任何恐怖主義宣言的聲明有任何正當性），他自稱動機來自透過 Google 搜尋並追求他的「種族戰爭（race war）」。根據盧福的說法，他搜尋了「黑人對白人的罪行（black on white crime）」，搜尋頁面的結果為他提供了鼓勵恐怖行動的訊息[3]。

Google 此後便做了更新，修正這類搜尋。關於這點，目前在我的電腦上進行搜尋的十大結果中，有三個條目會連結到官方的美國政府犯罪統計數據。但在 2015 年時，尋找按人口統計數據分類的政府犯罪統計數據的人，很少有正常人會使用諸如「黑人對白人的罪行（black on white crime）」或「黑人對黑人的罪行（black on black crime）」這類詞語進行搜查。因為這些是種族主義者在他們的搜尋或網站上，才會經常使用的詞語。因此這類搜尋會讓搜尋引擎用戶可能看到的是種族歧視，因為即使是「中性」演算法，也可能預測種族主義網站才是這類詞語最理想的搜尋結果。

現在，讓我說清楚一點。當一個明顯有能力在教堂聖經班裡殺死九個完全陌生人的罪犯，他在搜尋「黑人對白人的罪行」時，確實已經走上偏激的歪路。因此迪倫·盧福並非只被 Google 搜尋激化。但有鑑於所有的搜尋引擎，都可能對「黑人女孩」這樣的「中性」詞語，搜尋出有偏見的結果，所以這點非常重要 —— 當搜尋內容本身具有偏見，甚至帶有仇恨時，預測結果會有多麼的偏差。

這種搜尋引擎演算法的偏差加乘效應，最明顯的案例可以參考幾年前《衛報》記者卡羅·卡德瓦拉德（Carole Cadwalladr）所發生的事情。她說：

---

[3] 「Google and the Miseducation of Dylann Roof（Google 與 Dylann Roof 所謂的誤導）」，Southern Poverty Law Center，2017.01.18，www.splcenter.org/20170118/google-and-miseducation-dylann-roof。

一週前，我在 Google 搜尋框中輸入「到底猶…（did the hol....）」並點擊了其自動填入字詞所建議的「到底猶太人大屠殺是否發生過？」然後，在搜尋結果列表最上方，有一個鏈結是連接到 Stormfront，這是一個新納粹分子白人至上主義網站，以及一篇題為「猶太人大屠殺並未發生過的十大理由（Top 10 reasons why the Holocaust didn't happen）」的文章 [4]。

或許比反猶太主義搜尋結果更誇張的是 Google 最初的回應，Google 發表聲明：「我們很遺憾看到仇恨組織仍然存在。仇恨網站出現在搜尋結果中的這個事實，並不代表 Google 贊同這些觀點」。當時，Google 拒絕從搜尋結果裡刪除新納粹（neo-Nazi）網站。

不過最後，Google 還是介入並更正了這類搜尋的結果 [5]，因此現在當你在 Google 搜尋「猶太人大屠殺真的發生了嗎？（Did the holocaust happen?）」，就會出現一整頁的結果，都在確認它確實發生，並且解釋了「否認大屠殺」的現象。在我剛才的搜尋裡，《衛報》的第一頁結果甚至還有一篇關於這個搜尋詞語爭議的相關歷史文章。

---

[4] Carole Cadwalladr，「How to bump Holocaust deniers off Google's top spot? Pay Google（如何讓不承認大屠殺的搜尋從 Google 上移除？付錢給 Google）」，The Observer，2016.12.17，www.theguardian.com/technology/2016/dec/17/holocaust-deniers-google-search-top-spot。

[5] Jeff John Roberts，「Google Demotes Holocaust Denial and Hate Sites in Update to Algorithm（Google 更新演算法降低否認大屠殺與仇恨網站的排名）」，Fortune，2016.12.20，http://fortune.com/2016/12/20/google-algorithm-update/。

Google 最初的回應 —— 演算法是中立的，不管這些搜尋結果多該受到譴責，手動修改搜尋結果並不合適 —— 這點正是我們打算在本章裡解開的核心謎團。Google 這種「演算法中立」的想法是資料科學方面的謬誤，開發機器學習模型便意味著當輸出與模型的期望或要求不匹配時，就該「改進」演算法，因為錯誤和偏見經常會蔓延到系統中，有時只能在該演算法大規模上線運作後才被察覺到。

然而在搜尋結果下，模型會不斷地發展。在每天所進行的數百萬次搜尋裡，每次搜尋都會改變數據資料庫，以即時的「訓練」該模型。搜尋引擎演算法不僅會傳播程式人員有意識和無意識的偏見，對用戶有意識或無意識地進行「搜尋操控」行為，也等於是完全開放。

如果不加以控制，內容推薦演算法等於就是偏見放大器。而且這點對於社交網路訂閱和搜尋引擎也是一樣。了解它們如何在一般操作上運行，便能幫助我們更容易理解這些線上自我激化、黨派兩極化、以及參與者如何操縱平台以大規模推進其議題的作法，同時還讓我們更能進行批判性的思考，判斷你在自己的社交平台和搜尋結果被推播出現的訊息，還可提供讓線上訊息空間實現「正向」變革所需的立足點。

就讓我們一頭栽進去研究吧…

▶ 數據流如何運行？

社群媒體和搜尋演算法是非常重要的商業秘密。除了直接使用這些演算法的開發人員之外，沒有人能夠 100％ 確定他們工作的所有細節。但

是，透過了解機器學習演算法的運作原理，以及查看模型輸入和輸出的經驗，我們便可對相當多的細節進行逆向工程。再將結果比對由這些模型背後的資料科學家所發表的研究論文後，更可描繪出它們到底如何運作以及對社會的影響。

以搜尋引擎為例。當有人搜尋圖片時，搜尋演算法或模型會考慮搜尋項目旁邊的各種輸入可能性，來決定要輸出什麼內容。最後搜尋出來的這些圖片，會以「可能性最高的放在搜尋清單最上方」的方式，排序這些搜尋到的結果。

除了搜尋的輸入之外，模型還會考慮來自你的用戶個人資料和過去活動的訊息 [6]。例如，若個人資料說明我目前居住在美國，我可能會看到的結果，就會跟個人資料說明我住在印度或委內瑞拉的模型有所不同。

大多數平台收集到我的個人資料裡，還會包含我的性別、年齡、教育程度、婚姻狀況、種族等訊息。有些是因為我提供過這些訊息，有些則是因為平台從我的活動中推斷出來的訊息 [7]。推斷出來的數據當然不是完美的，例如有一個 Google 帳戶認為我是男性，另一個認為我是女性，而且兩者可能都誤解了我對音樂和體育方面的喜好，但它們都會被用於個人化內容以及用戶提供的數據收集裡。

---

[6] 「How search algorithms work（搜尋演算法的運作方式）」，Google，www.google.com/search/howsearchworks/algorithms/。

[7] 在這裡可以看到 Google 如何推斷出您的相關訊息，https://adssettings.google.com/。

平台根據對各種過去的活動進行加權，來確定演算法推薦的內容。對搜尋引擎來說，可能是過去的搜尋和我們經常點擊內容的結果。對於廣告平台來說，可能包括在合作夥伴商店購買、在合作夥伴電子商務網站上點閱過的產品，或是當地許多社群媒體上的聯絡人，他們最常光顧的零售商店等。對於社交網路推送內容來說，可能會包括我們發佈的內容類型，以及我們最常「參與」的內容類型，例如：按讚／收藏、留言、點擊次數的衡量等。在某些情況下，還可能包括我們在移動滑鼠之前，停留觀看的時間等[8]。

但是還有第三種，也許是用來協助演算法模型確定我們會看到的內容裡，最重要的一種輸入資料收集類別，也就是與我們「無關」的數據（可以用來過濾）。

當然，這些訊息內容會經過各種考量，像是會讓這些內容突顯所用的數據與中繼資料、包括資料受歡迎程度的訊息等，還會包括其他用戶對此內容相關的活動訊息[9]。

8　我不想在這裡揪出任何一個開發人員或公司，但是在網路上搜尋「追蹤用戶在頁面上的移動」，便會出現網頁開發人員回覆的許多為何或為何不追蹤移動的答案。

9　這點在個人化的教育應用 app 上也一樣，請參考「Knewton Adaptive Learning: Building the world's most powerful education recommendation engine（Knewton Adaptive Learning：建立世界上最強大的教育推薦引擎）」，Knewton，2017.07.24，https://cdn.tc-library.org/Edlab/Knewton-adaptive-learning-white-paper-1.pdf。

來自其他用戶的數據是任何內容推薦引擎的判斷關鍵，如果沒有這些數據，搜尋建議便只能將過去的用戶活動，當成確定下個最佳內容的基礎。而由於每個人和每個情況都是獨特的，所以這些少量的數據，並不足以提供做出決定的背景資料。因此在許多情況下，就會像盲目飛行，沒有相關數據可用於預測，如此產生的演算法建議會相當不準確。

各位可以這樣想，從許多方面看，內容推薦引擎就像約會應用程式，只是它並不是把你與另一個人配對，而是把內容跟你配對。只有在約會應用程式的情況裡，才會在繼續進行下一步之前，只要求用戶提供最少量的數據，以便確保可以根據完整的填寫內容，對用戶的配對進行過濾和排序[10]，而為學生分配醫學院宿舍的演算法應該也是如此[11]。

但就搜尋引擎、社交網路甚至是「個人化」教育應用而言，這些演算法對內容進行過濾和排名的方式，必須跟用戶之前遇到的情況有所不同。其解決方案是在稱為「協同過濾（collaborative filtering）」的過程中，將用戶的數據與其他用戶的數據相互結合。

為了理解協同過濾的做法，請想像有一份簡單的音樂品味應用程式模型。假設有許多音樂特點在這些給定的音樂曲目中不一定存在：例如失真吉他（有破音效果）、三角鋼琴、歌劇女高音、大小調、快慢節奏、即興樂器獨奏等等。而其中一些是成對出現的（例如風笛之類），有些則是規模較大的（失真吉他的相對音量，每分鐘節拍的實際速度測量等）。

---

10 這類模型適用在基於調查的約會應用程式（例如 eHarmony 和 OkCupid），而不適用於基於行為的應用程式（如 Tinder）。

11 「How the Matching Algorithm Works（配對演算法如何運作）」，The National Resident Match Program，www.nrmp.org/matching-algorithm/。

模型包含的功能越多，便能做出更精確的預測。但是模型所包含的功能越多，進行這些預測所需的數據就越多，而且更可能發生用戶的個人資料缺乏某些數據。

這也導致了「悖論（paradox）」的情況：為確保良好的用戶體驗，尤其是在嘗試吸引新用戶時，應用程式需要在選擇歌曲之前，盡可能花時間收集更多的相關數據；另一方面，為了確保良好的用戶體驗，應用程式應該盡可能在提供優質歌曲時，減少延遲 —— 這是在沒有協同過濾介入的情況。

因此，為了提供高品質的用戶體驗，演算法需要一種在沒有完整資料文件的情況下，進行良好預測的方法，這也就是「協同過濾」一展長才之處。

協同過濾提供一種透過與其他用戶進行比較，來填補用戶檔案空白部分的方法 [12]。其背後的理論是：如果用戶 A 和用戶 B 對於他們都有填寫資料的選項有相似的品味，便可能對於其中一個缺少資料的選項具有類似的品味。換句話說，如果我和朋友都喜歡失真吉他、快節奏且不喜歡爵士樂，那麼我對各種古典音樂特徵的品味，就會被用來為那位朋友提供音樂推薦，而他對鄉村樂的品味，也會被用來做為提供我音樂推薦的依據。我們之間不完整但有重疊的檔案資料，會被用來「協同」以「過濾」彼此的音樂推薦 —— 協同過濾便因此而得名。

---

12 Albert Au Yueng，「Matrix Factorization: A Simple Tutorial and Implementation in Python（矩陣分解：Python 的簡單教學和實作）」，quuxlabs，2010.09.16，www.quuxlabs.com/blog/2010/09/matrix-factorization-a-simple-tutorial-and-implementation-in-python/。

當數百萬（或者在 Facebook 的情況下，數十億）的用戶向同一模型提供數據時，該演算法理論上便可將這些用戶聚集成幾十個或甚至幾十萬個「協同」群組，其偏好資料檔案將被合併為一個超級檔案。這個超級檔案可用來過濾和排列群組裡數百或數千用戶的潛在內容，讓每個用戶都有「個人化」體驗，一種讓他們跟認識的任何人均不相同的體驗。

這種檔案叢集可以在不同的細節水平上運作。當我加入 Pandora 平台並選擇預載的 New Wave 電台作為我的第一次聆聽體驗時，它便會根據其他用戶使用 New Wave 電台的品味，從他們的資料庫裡為我提供歌曲。但當我對「The Cure、Depeche Mode、A Flock of Seagulls 等樂團按讚，並對 The Smiths 和 Duran Duran 的大部分歌曲點擊不喜歡的圖示時，它便開始把我歸類到一小群喜歡「Space Age Love Song（太空時代情歌、A Flock of Seagulls 的歌）」和不喜歡「Girls on Film（電影中的女孩、Duran Duran 的歌）」的聽眾。

總而言之，當模型可以獲得更多數據時，便能做出更好的預測 —— 更多的獨特觀察以及每項觀察裡的更多特徵。然而，模型考慮的功能越多，每個用戶的資料檔案就越可能缺少重要特徵。因此，額外加入的演算法模型，會根據已知特徵的相似性，將用戶聚集在一起，以便建立超級檔案，提供資料以填入未知的特徵。

然後，預測模型會使用這些新的完整資料檔案來生成內容推薦。這種方式的「個人化」體驗，在許多方面相當類似基於「群體」的體驗。他們與很多其他的用戶有類似體驗，但由於根本沒機會與其他用戶實質互動，因此他們的體驗會讓人覺得獨特。

▶ 偏見放大器

回想一下我們在第 1 章進行的圖片搜尋：醫生、護士、教授、老師等。正如該章所討論過，演算法與使用它的人類之間會產生反饋循環，利用已經存在的類化偏見加以放大。在更了解協同過濾的工作原理後，我們可以為這種反饋循環加入一些細微差別。

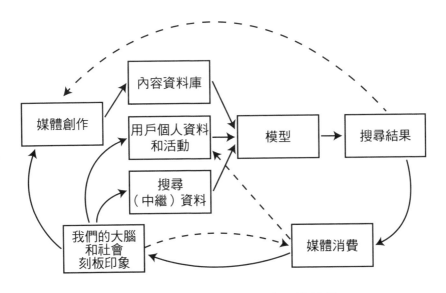

圖 3-1　人與演算法互動的反饋循環

圖 3-1 說明了人類偏差的反饋迴路，是透過未經檢查的演算法內容，加以傳遞放大和傳播。當用戶執行搜尋時，模型將搜尋詞語和搜尋周圍的任何中繼資料數據（位置、時間等）作為輸入，以及有關用戶的資料檔案和活動歷史紀錄，加上來自平台數據資料庫的其他訊息，例如內容特徵、側寫資料及其他類似用戶的資料檔案和偏好紀錄等。根據這些數

據，模型提供結果 —— 亦即根據用戶最可能參與的預測，提供過濾結果和排名內容 [13]。

但這並非完整的過程。當我們進行搜尋或打開 Facebook、Twitter 等應用程式時，我們會看到這些演算法所選擇的內容。請思考一下前面說過的醫生、護士、教授、老師的圖片搜尋範例 —— 假如我現在想為健康相關議題建立網頁，於是開始搜尋醫生和護士的圖片，準備放在宣傳手冊中。當我搜尋醫生的圖片時，搜尋結果將會根據搜尋引擎所知道（和猜測）關於我的內容，以及它被訓練過所知道（並猜測）的被評估為具有跟我相似品味用戶的內容，加上資料庫裡有哪些相關內容，以及關於此種內容的常用訊息和經常參與訊息，一起用來過濾搜尋結果。

正如從前面內容所提過，關於「醫生的工作／世界上的醫生看起來應該長什麼樣」的偏見，將會影響到搜尋結果，而此種結果也將反過來影響我們對世界的看法，並影響我們自己的偏見，於是又會更進一步的影響搜尋結果，如此反覆下去。

但我們可以為這種理解加入一些細微差別。首先，由於協同過濾的過程裡，我所經歷過的偏見和「與我類似的人」的偏見，會對我得到的搜尋結果產生最大的影響。這在迪倫・盧福搜尋「黑人對白人罪行」中最為明顯。任何可能對他的仇恨極端主義進行檢查的客觀犯罪統計數據，都會被搜尋特定詞語「黑人對白人罪行」這一事實所遮蔽。即使跟盧福具有類似網際網路使用模式的用戶，很可能也從專屬他的搜尋結果裡，被過濾掉了更客觀、溫和的搜尋結果。

---

13 請注意我並不是說「最有可能滿足」，在這種新經濟中，注意力是商品，參與度則是貨幣。由於品味很難量化，因此要向廣告客戶收取費用。

在 Facebook 或 Twitter 等社群媒體平台上，偏見的放大效果會更強。因為用戶在這裡所收到的推薦內容，已經被人們過濾了，這些都是朋友或用戶按讚的頁面。由於我們已經傾向於以某種方式與喜歡我們的人進行更多聯繫，反之則減少聯繫，這件事本身就已經代表了一個潛在的過濾器泡沫（filter bubble，指個人化之後，人類反而會陷入相似意見的同溫層中）。

當我們過去的參與數據和協同過濾過程的結果，都一起被考慮在內時，你所看到的內容可能就會非常狹隘。透過追蹤頁面進行干預並與代表更廣泛視角的人交朋友，會有很大的幫助，因為它會影響第一個過濾器，而不會影響基於協同參與的過濾器。這就是為什麼那些本身擁有許多朋友的好友或家人們，仍然可以在他們的動態消息中看到完全不同的內容。

由於我們自己管理的朋友／頁面／群組網路，以及我們「按讚」和以其他方式參與留言等，都傾向於反映我們的個人偏見和觀點限制，因此我們在平台上會看到的內容，也將傾向於反映這些偏見和有限的觀點。

這便導致了第二點：如果透過演算法推薦向我提供的內容，偏向於反映我已經如何思考這個世界的方式，我不僅可能參與這種偏見，更可能會加以傳播。而且有越來越多人是在社群媒體平台上看到即時新聞 [14]。

---

14 Kevin Curry，「More and more people get their news via social media. Is that good or bad?（越來越多的人透過社交媒體觀看新聞。是好是壞？）」，Monkey Cage, The Washington Post，2016.09.30，www.washing-tonpost.com/news/monkey-cage/wp/2016/09/30/more-and-more-people-get-their-news-via-social-media-is-that-good-or-bad/。

但如果在 Facebook 或 Twitter 這樣的一站式商店中，很方便就能查到訊息的話，那麼在這些平台上分享看到的內容，該有多麼容易。只需輕點一兩下，就可以重新傳播（分享）我看到的文章、照片或影片——甚至如果在「預覽」時看到的內容就讓我興奮不已的話，我不必讀完文章或看完影片就能直接分享。

對於像 Twitter 和 Facebook 這樣的演算法機制來說，情況確實如此，然而對於像報紙或大學教科書裡所看到的專業企劃內容而言，情況絕非如此。

這種共享方式的優化會使「過濾器泡沫」效果加速惡化。因為每個人會更容易找到反映自己現有偏見的訊息，也更容易分享這些訊息，因此我對其他人的社交訊息的貢獻，將比我只分享在網際網路上其他地方找到的內容，更能反映出我的偏見。

當然，別人對我貢獻的動態消息也是如此。如此便形成一個「偏差放大」的反饋循環：我根據自己的偏見看到了一些內容，我分享了根據這種偏見選出內容的「衍生」內容，這些內容再反饋到我網路中的人們所觀看的有偏見的內容，然後他們也會根據自己的偏見選擇新的「衍生」內容與我分享，如此循環不已…。

就像前面說過的醫生圖片搜尋結果一樣（但可能還更極端），如果一切不加以控制，這種反饋循環將繼續放大每個用戶已經存在的偏見，在過程中加速更多人透過社群媒體的貼文，找到他們想看的新聞，並讓演算法變得更極端。

再考慮到像「點擊誘餌」這樣的現象。除了支配著我們的注意力這點以外，它不僅可以反映我們自己偏見的事物，在演算法驅動的內容流裡傳播得更快，而且它們的內容也被設計為盡量操縱你的注意力。把這些放在一起，便能確認我們先前存在偏見時所看到的點擊誘餌，絕對會以不成比例的高速，進行傳播。

事實上，這就是你在 2016 年美國總統大選前的關鍵時刻，所看到的情況 [15]。但也許最重要的是，媒體消費的偏見，將導致我們對這個世界上的個人和社會出現刻板印象。並在線上或真實生活裡，影響我們的行為和人際關係。

有時偏見放大會單向進行。我們在本書引言裡所考慮到的性別、種族和其他人口統計所顯示的情況，是由於主導群體佔據夠長的時間，以致於讓演算法會傾向放大在單一方向上的共同偏見。但情況並非總是如此。當我們談到政治，尤其是在美國，我們會相對平均的分成兩個族群，因此偏見的放大並非單方面，而是雙面的或多邊的，最後的結果就是完全「極化（polarization）」對立的情況。

15 Craig Silverman，「This Analysis Shows How Viral Fake Election News Stories Outperformed Real News On Facebook（這項分析顯示，病毒式假選舉新聞在 Facebook 上的表現優於真實新聞）」，BuzzFeed News，2016.11.16，www.buzzfeednews.com/article/craigsilverman/viral-fake-election-news-outperformed-real-news-on-facebook。

極化對立很容易理解，因為它只是代表兩個或多個相對群體之間，在意識形態上的差異和／或敵意的增加[16]。然而「數位極化（digital polarization）」則像是把偏見放大反饋迴路，應用於「已相似群體」的結果。隨著偏見在同一族群內被放大，就會變得越來越像「過濾器泡沫」或「迴聲室」，其內容不加批判地加強群內的思維模式，而且也會情緒性且不加批判的詆毀對立族群。

「火上加油」的後果大家都知道（正如第 2 章所討論過的），重複強化的內容會在情緒上喚醒既有印象 —— 不論是正面或負面感受，尤其當喚起的是憤怒時，族群裡個人的參與度會增加。也就是不僅會出現更多內容來支持你的觀點，也會打壓其他內容的出現機會，而且更多支持內容被分享和轉發後，又會鼓勵對群體之外的人激起憤怒情緒。這樣即使有更多樣化的內容穿過了演算法過濾器，也都會使收到不同對立訊息內容的機會變得更少。

▶ 卸下你的心防

另一個主要問題是如果這種情況不加以控制，便會導致演算法選擇的內容增加偏見、兩極分化甚至是「假新聞」的擴散。社群平台本身宗旨便是在形成最多參與、增強信任。或者，用蕾妮・迪瑞斯塔（Renee

---

[16] 「Political Polarization in the American Public（美國大眾的政治兩極化）」，Pew Research Center，2014.06.12，www.people-press.org/2014/06/12/political-polarization-in-the-american-public/。

DiResta）的話來說：「我們的政治對話發生在為病毒式廣告建構的基礎設施上，大家現在才開始試著適應」[17]。

從幾個方面來談。首先，社群媒體等於在鼓勵大眾採取寬鬆的態度，進行貼文訊息的消費和評估，其方法是把重要的新聞和政策辯論，以及一些貓的 GIF 檔、嬰兒可愛圖片、商業廣告和派對邀請擺在一起。因此，社群媒體使我們處於一種與書籍、報紙甚至雜誌都截然不同且較為輕鬆的情境。

許多用戶在商店排隊、搭公車或火車上班，甚至躺在床上時，都會刷一下社群媒體。放鬆的姿勢對於社群互動來說可能很好，但是這種抑制性的放鬆，加上可愛的貓和新納粹反對派貼文之間的轉換，帶來了「注意力暫失」，讓人難以認真思考你所相信的或分享出去的內容。

其次，社群媒體平台旨在促進參與，甚至達到讓人成癮的程度。Twitter「最喜歡的」從星星到愛心符號的變化，Facebook 上基於情感的參與增加，這些措施都是為了提高用戶參與度而加入，而且它們也都成功了[18]。

---

17 Renee DiResta，「Free Speech in the Age of Algorithmic Microphones（演算法麥克風時代的言論自由）」，WIRED，2018.10.12，www.wired.com/story/facebook-domestic-disinformation-algorithmic-megaphones/。

18 Drew Olanoff，「Twitter Sees 6% Increase In 'Like' Activity After First Week Of Hearts（愛心推出第一週後，Twitter 看到按讚成長 6%）」，TechCrunch，2015.11.10，https://techcrunch.com/2015/11/10/twitter-sees-6-increase-in-like-activity-after-first-week-of-hearts/。

與此同時，Google、Twitter 和 Facebook 的離職員工們，已經逐漸公開了這些平台促進上癮行為的方法[19]，而且有越來越多的矽谷技術部門，宣布嚴格限制，甚至禁止員工觀看嬰兒照片和可愛貓咪影片[20]。這種強化參與甚至上癮的行為，以及用放鬆的姿勢觀看嬰兒照片和可愛貓咪影片多半無害，但它對當天新聞重要議題，以及讓用戶得以進行深入、批判性思考的能力來說，並不適合。

更嚴重的是最近一項研究顯示，人們在社群媒體上判斷內容的正確性，並非透過內容的來源，而是透過「分享內容者」的可信度，來判斷內容的真實性[21]。這意味著即使我們面對內容有過思考的行為，仍然可能會思考了錯誤的內容。

平台對這點並無多大的作為，因為多數社群平台都會採取突顯分享者（在分享貼文左上角的最明顯位置放上個人圖片、粗體文字等），並且淡化原始來源（較小，較輕細的字體，放在貼文左下方），就像你看到的

---

19 Bianca Bosker，「The Binge Breaker（狂暴破壞者）」，The Atlantic，2016.11，www.theatlantic.com/magazine/archive/2016/11/the-binge-breaker/501122/。

20 Nellie Bowles，「Silicon Valley Nannies Are Phone Police for Kids（矽谷保姆是兒童電話警察）」，The New York Times，2018.10.26，www.nytimes.com/2018/10/26/style/silicon-valley-nannies.html。

21 Tom Rosenstiel, Jeff Sonderman, Kevin Loker, Jennifer Benz, David Sterrett, Dan Malato, Trevor Tompson, Liz Kantor, 與 Emily Swanson，「'Who shared it?': How Americans decide what news to trust on social media（誰做了分享？：美國人如何決定在社交媒體上信任哪些新聞？）」，American Press Institute，2017.03.20，www.americanpressinstitute.org/publications/reports/survey-research/trust-social-media/。

這篇文章的來源，被放成像是直接來自分享者一樣 [22]，如此只會強化大家判斷內容可信度是依據轉發者，而非依據原始來源的傾向。

心理學家尼古拉斯‧迪方佐（Nicholas DiFonzo）和普瑞軒‧博迪雅（Prashant Bordia）研究謠言如何在網路上傳播，他們已經確定了四個主要因素，這些因素有助於讓人決定是否相信他們遇到的新想法或貼文聲明的內容：

- 該貼文同意此人的現有態度（確認偏見）。

- 該貼文來自可信來源（在社群媒體上通常是指分享它的人，而不是貼文的實際來源）。

- 該貼文一再出現（這有助於之前提過的感知流暢性）。

- 該貼文並無平衡報導的部分 [23]。

社群媒體在許多方面都被設計成支持這些主要因素，即使面對錯誤敘述也是如此。我們已經看到透過協同過濾進行參與的媒體平台設計，如何加劇確認偏見的問題，還有讓人經常誤判來源的社群媒體問題。我們也詳細討論了重複、尤其是在無意識介入的情況下，會削弱我們理性判斷出錯誤敘事的能力。

22 Mike Caulfield，「Facebook Broke Democracy, but the Fix Is Harder Than People Realize（Facebook 破壞了民主，但解決方法比人們意識到的要難）」，Hapgood（blog），2016.11.10，https://hapgood.us/2016/11/10/facebook-broke-democracy-but-the-fix-is-harder-than-people-realize/。

23 Bordia, Prashant 與 Nicholas DiFonzo，2017.《Rumor Psychology: Social and Organizational Approaches》（謠言心理學：社會和組織方法），Washington, D.C.: American Psychological Association.

Twitter 的轉發功能和 Facebook 每次收到新留言時，都會在我們刷出的貼文裡，重新強調這個故事，因為你應該不想錯過朋友之間的熱烈討論！而且我們也知道，反駁意見的傳播速度，絕對比不上它們想要糾正的病毒式傳播[24]。今日存在的所有社群平台，其實都是在培養可信度，而不管事實真相如何。

把這些真相擺在一起看，眼前等於有著重重阻礙，並且堆疊在一起反對我們探究自己觀看的訊息內容。社群平台的設計方式也等於在阻礙觀看內容時的思考，並讓未經證實的「事實」容易分享。同時，會有更多人從社交群組裡獲得更多新聞，而且我們甚至還沒談到社群媒體在提供新聞所扮演的角色，因為在過往的平面、廣播和電視記者們，都必須真的找到獨家新聞，還要證明自己所說故事的真實性。如果社群媒體不加以控制，假新聞、過濾器泡沫和極化對立，只會越演越烈。從選民必須知道實情對民主國家的重要性來看，演算法新聞來源對民主而言，確實構成了真正的威脅。

也就是說，雖然社群媒體平台在過去幾年內，逐漸改變其態度和演算法，但它們還有很長的路要走，系統性的新「駭客」會不斷的湧現。不過我們這些研究社群媒體問題的人，已經感覺到一切最終會朝著正確的方向前進。現在應該是盡一切可能向前推進的時刻，而且必須趕在這個自滿的新年代實施新的策略之前，也必須趕在輿論壓力持續降低之前。

---

24 Alexis Sobel Fitts，「We still don't know how to stop misinformation online（我們仍然不知道如何阻止網路假訊息）」，Colombia Journalism Review，2014.10.09，https://archives.cjr.org/behind_the_news/corrections_dont_go_viral.php。

▶ 本章總結

目前為止，我們已經解開了許多假訊息和線上宣傳背後的「理論」。人類認知的侷限性以及社群平台和內容推薦演算法的承受性，都使得半真半假和徹頭徹尾的謊言易於傳播。這不僅會讓偏見擴大，也讓具有特定意識形態動機的族群，更加遠離彼此，並遠離進一步進行有意義對話和相互妥協的可能性。

這些問題不能算是有機形式的正常變化，它們不光是偶然發生而已，因為一切是由有缺失但善意的人，在由其他有缺失但善意的人所設計的平台上進行互動。包括某些國家在內的不良行為者，也在製造極化對立、各種偏見和不信任感，並利用這種有明顯缺陷，但我們卻日漸依賴的社群系統牟利。

在本書接下來的部分，我們將介紹幾個案例研究，其中包括一些特定的假訊息活動或影響性的操作。這些活動可以很清楚的證明，當你不加批判的依賴少量由演算法驅動的社群平台，來獲取訊息與政治觀點時，所將面臨的危險。不過我也加入了一些研究案例 —— 包括公眾、政府和／或平台做出回應的方式所帶來的希望。包括改變個人習慣、平台進行修正與有效的政府策略，都可以幫助數位媒體，甚至社群媒體（再次）成為世界上的有益力量。

這也正是我們將在本書的後半部分一起探討的內容…

案例研究

4

美國國內的騷動

佛格森案、遊戲門和美國另類右翼的崛起

▼

邁克爾‧布朗被射殺兩天之後,密蘇里州佛格森 (Ferguson)發生大規模的抗議和集會,主流新 聞媒體甚至連 Facebook 都隻字不提。然而,該地區 的大部分當地人都知道這場抗議活動、主要影響者以 及被稱為「Black Lives Matter(黑人生命同樣重要)」 的口號與行動。

抗議者透過 Twitter 協調他們的活動，避免了催淚瓦斯和 LRAD（遠程聲音防暴設備），甚至還能為此場運動領導者提供充電電池組等。Twitter（和 Vine）上的這項行動，將這些抗議活動直接帶到公眾視線裡，並且終於傳播到美國主流新聞媒體。這種新聞傳播的隔離性，使許多人意識到大眾新聞媒體的侷限，以及參與式媒體在塑造對話和影響社會變革方面的強大力量。

但這些並非唯一的影響層面。

幾乎與佛格森騷動的同時，出現了一群「網路酸民」（trolls，一群擾亂份子、偏激人士和其他類型的壞角色，他們經常出現在公開活動中），發動一場對抗「社會正義戰士（social justice warriors）」的文化戰爭，認為對方威脅到他們在線上遊戲社群的世界。許多遊戲設計師和評論家（尤其是有三名女性）認為自己是假訊息與線上共同騷擾的受害者，而且自己的朋友與家人都受到安全上的威脅。

社群平台和執法部門的回應緩慢且無效，許多人的生活因這些網路上攻擊產生了大幅的改變。對許多人來說，GamerGate（玩家門）是讓社群媒體的黑暗勢力「曝光」在多數人眼前的關鍵事件 —— 其中包括了 Twitter「bots」（機器人自動執行的帳號）和「sockpuppets」（匿名者即時管理的分身帳號）。但那些黑暗的力量並未完全消滅⋯

在本章裡，我們將探討如何利用社群媒體的一些相同功能，用在各種政治議題上帶起運動，亦即用來建立議題或破壞議題的各種運動。這些運動將大幅改變美國的政治格局，並可能產生長期影響。

▶ 人群控制：佛格森事件推文如何引導主流媒體和公眾意識？

在宣佈邁克爾・布朗被槍殺後，檢方不會對達倫・威爾遜提出起訴時，聖路易斯檢察官 Bob McCulloch 說：

在這次調查中遇到的最重要的挑戰，便是 24 小時不間斷的新聞，以及大眾對新聞事件貪得無厭的胃口，一定要找到可以談論的事情，因而造成大家密切關注著社群媒體上不間斷的謠言[1]。

抗議活動領導人 DeRay McKesson 在 Twitter 上作了以下回應：

McCulloch 檢察官再次抨擊了社群媒體，但若不是有 Twitter，他應該就能說服所有人，佛格森並沒發生這件事。

#Ferguson[2]

社群媒體和獨立媒體，已經成為二十一世紀（反）社會運動家運動的基石。Arab Spring、Ferguson、#GamerGate、#BlackLivesMatter、#BlueLivesMatter、#MeToo 等運動，都依靠社群媒體來實現他們的目的。

---

[1] Dylan Byers，「Ferguson Prosecutor Blames the Media（弗格森檢察官指責媒體）」，Politico，2014.11.25，www.politico.com/blogs/media/2014/11/ferguson-prosecutor-blames-the-media-199249.html。

[2] DeRay McKesson，Twitter 貼文，2014.11.24，9:20 p.m.，https://twitter.com/deray/status/537068182909882368。

我們可以從佛格森案清楚地看到這一點，激進主義領導人 DeRay McKesson（@deray），Johnetta Elzie（@Nettaaaaaaaa）和 Tef Poe（@tefpoe），都利用 Twitter 來組織聖路易市附近的抗議活動，並警告現場活動人士關於警方的出現位置與行動。在此同時，抗議者也使用 Twitter、Instagram 和 Vine 來記錄涉嫌暴力的警方行為，並「報導」了警方對媒體進行的管控。

許多在警察鎮壓時受傷的記者[3]或是勇敢加入抗議者隊伍的人（對外說法類似公民記者），都使用 Twitter、Vine 和直播的方式傳遞新聞。

這些社群媒體平台的分散性，使群組和個人能夠快速傳播訊息，並繞過主流媒體管道。在佛格森事件裡，甚至引起像歐普拉（Oprah Winfrey）這樣的名人批判，呼籲運動必須號召更多領導者[4]。換句話說，組織動員的力量必須集中。但是，隨著激進人士的反應越見明確（當然也是在 Twitter 上），這項運動確實有領導者，只是這回是不一樣的領導者。

肖恩·金（Shaun King）對歐普拉的回應說道：

---

[3] Jon Swaine，「Michael Brown protests in Ferguson met with rubber bullets and teargas（在弗格森舉行的邁克爾·布朗抗議活動遇到了橡皮子彈和催淚瓦斯攻擊）」，The Guardian，2014.08.14，www.theguardian.com/world/2014/aug/14/ferguson-police-teargas-rubber-bullets-michael-brown。

[4] Sarah Muller，「Protesters slam Oprah for suggesting movement lacks leadership（抗議者抨擊歐普拉暗示運動缺乏領導人）」，MSNBC，2015.01.05，www.msnbc.com/msnbc/protesters-slam-oprah-suggesting-movement-lacks-leadership。

我愛 @Oprah。一度是歐普拉學者 @Morehouse。她的說法只代表一件事…也就是她所了解的關於佛格森的一切，都來自於夜間新聞[5]。

這種指責並不是在說歐普拉錯了，而是在說她得到了錯誤的訊息。亦即她並不了解這項運動所使用的社群媒體，也不清楚如何運用這些媒體來組織行動。

歐普拉不是特例。雖然佛格森運動主要是一次面對面的抗議活動，但其散佈、壽命和影響力在很大程度上得益於社群媒體，尤其是 Twitter 與 Vine。要了解佛格森運動如何發揮作用，以及它對不斷升高的 #BlackLivesMatter 運動的影響，便要了解社群媒體格局以及這些活動人士們，如何利用它們來協調行動、傳播訊息和帶領風向。

▶ 2014 年 8 月 9 日： 佛格森鎮到底發生了什麼？

我最早是在 Twitter 上得知這件事。在 2014 年，這類聲明可能涉及任何事情。這離我經常使用 Twitter 的年代已經有段距離。我會在研究上用到，教學上也會（甚至讓學生在課堂上發推文，我們會透過公開的 Twitter 對話來採訪「訪問學者（visiting scholar）」，並與各國的其他研究人員進行合作。我的辦公室裡有兩台電腦螢幕，其中一台通常完全鎖定在 TweetDeck，亦即我的 Twitter 客戶端。辦公室裡一位學術上的同

5　Shaun King，Twitter 貼文，https://twitter.com/ShaunKing/status/551109555040829440，刪除但被記錄下來。

事說，我的電腦設置看起來像是在做股票交易，因為一直會有不斷更新的推文飛到我的螢幕上。

但在這種情況下，我指的是佛格森的情況。在 8 月 9 日，邁克爾・布朗被槍殺了幾個小時，警察把毫無生氣的屍體留在街道上，接下來幾天出現的則是紀念碑和守夜的活動。

剛剛說過我最早是在 Twitter 上聽到這個消息，當時我一位住在聖路易斯的大學朋友，參加了其中一次守夜活動，在這些悼念者離開教堂時，迎接他們的竟然是警察的防暴設備。我在 Twitter 上看到警察劃定了禁止採訪區，不讓記者行使第一修正案賦予他們的權力，無法觀察和報導抗議活動或警方的回應 [6]。

兩位記者 Wesley Lowery 和 Ryan Reilly 在麥當勞為手機充電時被捕的事，我也是先從 Twitter 上看到 [7]。而當警察向包括嬰幼兒在內的人群發射催淚瓦斯時，我當然也是從 Twitter 上看到消息。我也最先在 Twitter 上看到警察使用遠程聲音鎮暴設備（LRAD）的訊息，這種心理震懾武器會使人群失神，並可能造成永久性的聽力損傷。當然我也是在

---

[6] Noam Cohen，「U.S. Inquiry Sought in Police Treatment of Press at Ferguson Protests（U.S. Inquiry 詢問警方在弗格森抗議活動中對新聞界的處理方式）」，The New York Times，2014.10.26，www.nytimes.com/2014/10/27/business/media/-us-inquiry-sought-in-police-treatment-of-press-at-ferguson-protests-.html。

[7] 「Michael Brown protests in Ferguson met with rubber bullets and teargas（在弗格森舉行的邁克爾・布朗抗議活動遇到了橡皮子彈和催淚瓦斯攻擊）」。

Twitter 上聽説國際特赦組織派觀察員到佛格森，觀察和記錄警方可能發生的侵犯人權行為 [8]。

幾天以來，我都是最先在 Twitter 上知道這一切。事實上，至少有三天的時間，我都「只在」Twitter 上知道這些事件（加上在 Twitter 上聽的 Vice 新聞直播）。我記得看到這些特別令人不安的事件發生時，問了我的妻子（她從沒用過 Twitter）：你能相信佛格森發生的事件嗎？！ 她回答我：什麼是佛格森？

當時我用 Twitter，她用 Facebook，家裡並沒有電視，我們都是在社群媒體或主流新聞網站上觀看新聞。雖然我的 Twitter 動態消息被佛格森事件佔滿了，但她的 Facebook 貼文（像許多美國人一樣）則被冰桶挑戰賽和朋友小孩們的可愛照片佔據著。至少整整兩天的時間，主流媒體都像沒聽過佛格森事件一樣。

除了讓警察暴行、軍隊介入和種族不公平對待的惡行曝光之外，佛格森事件還讓我們清楚意識到主流媒體和社群媒體之間的差異，以及由演算法驅動的社群平台（如 Facebook）和靜態消息類型的 Twitter 時間軸（亦即可回溯事件發生時間順序）的差異。雖然這三種「主流媒體、演算法社群媒體和反向時間順序社群媒體」，可以讓某些人看到更多訊息和／或觸及更多受眾，但每種類型的平台都有權發出不同的聲音和不同消息，也有權可以組織不同類型的族群。

8　Tierney Sneed，「Amnesty International Blasts Handling of Mike Brown Shooting, Ferguson Protests（國際特赦組織關注對麥克・布朗（Mike Brown）射擊的弗格森抗議）」，U.S. News & World Report，2014.10.24，www.usnews.com/news/articles/2014/10/24/amnesty-international-blasts-handling-of-mike-brown-shooting-ferguson-protests。

▶ 在 Twitter 上組織一場「無領袖」的積極分子運動

從遠處看到佛格森事件展開時,我發現行動裡的「組織」結構是即時出現的。一開始,整場運動幾乎沒有組織可言。實際在場的人和不在場的人都在分享訊息,有些人真的在現場,有些人後來被揭穿並不在現場。這些貼文內容大部分都包含 #ferguson 標籤,我在 TweetDeck 的專欄裡(包含已被證明是值得信賴記者的推文專欄),對他們的報導中進行追蹤。我觀察到 Tweeter 上的早期內容是比較原始的,純粹訊息化、情感化、去中心化,並沒有統一的社群聲音。

而由於當地的社群有所需求,因此這些需求便形成了彼此之間的對話,開始產生了組織結構性。當警察擺放路障時,抗議者將路障地點和自己的位置相互通報,這樣他們就可以避免被警方逮捕,並且逃離催淚瓦斯,甚至還可以組織更大的群眾團體來互相支持。只要警察拿出催淚彈、LRAD 或開始發射橡皮子彈時,抗議者就會開始分享這些訊息。

有些人認為這是「請避開該地區」的暗示,有些人則認為這是「請帶相機來記錄」的提示,但大部分主流媒體並沒有這樣的訊息通報。而當人們需要醫療援助,但救護車無法通過警方封鎖線或一大群抗議者時,他們還會用 Twitter 向那些可能提供幫助的人告知現場情況。同時,經驗豐富的抗議者也會分享對付警察各種鎮暴戰術的技巧 —— 例如在哪裡找防毒面具、如何製作臨時防護面罩,或是解釋為何要用牛奶代替水來沖洗眼睛,在哪裡買隔音耳罩等。

Twitter 為每位參與者提供了一個共同平台，#ferguson 主題標籤則為這些參與者提供了觀眾。Twitter 也讓人們可以從遠端共同「參與」，形成團結的輿論，並能與中西部其他城市的組織相互聯繫，甚至還帶來專家提供的戰術建議。但隨著騷亂事件的傳播，Twitter 等於也讓人們在當地和遠距離都能介入事件。很多談論佛格森事件的人，都使用與當地試圖組織起來的居民相同的主題標籤。不過，這些談論佛格森的人，未必能對事件有所幫助，因為並非每個轉發訊息都值得被一再放大。

但是這個標籤並非只帶給你一個廣播平台，它給人的是一種「找到彼此」的方式，一個類似「租用的公共空間」[9]，也很像一種「數位社區中心」的作用。因而帶來了真正的個人聯繫和對話，亦即一種建立社群的方式與一種檢視煽動者的方式。沒過多久，便出現了幾種主要的聲音：（1）明顯存在、（2）可靠、（3）可造訪、（4）大範圍觸及等聲音。而當這個主題標籤變得太氾濫，或是社群裡的人沒時間審查每一項消息時，這些主要聲音就成為可依賴的領導者。

他們不僅是知道第一手訊息和發佈最佳訊息的人，也是可靠的管道，讓人們可以在分享訊息時加上標籤，以便向社群發放情況良好或情況緊急的訊息。

---

9 Dorothy Kim，「The Rules of Twitter（Twitter 的規則）」，Hybrid Pedagogy，2014.12.04，http://hybridpedagogy.org/rules-twitter/。

其中有位新領導人甚至不是來自聖路易斯。這是來自明尼蘇達州的一名中學管理人員 DeRay McKesson[10]，當天在網路上知道了抗議活動，立刻南下親身支持這場主要是在週末的活動。而憑著在抗議和 Twitter 方面的專業知識，他很快就成為這個運動的新興領導者，同時也是警察鎖定的目標之一。在接受「大西洋」月刊採訪時，他談到這場佛格森抗議領導者的新特點：

佛格森當地存在著抗議的傳統，但它的不同之處，或者說佛格森的重要之處，在於這場運動是從一般民眾發起的⋯由抗議形成的結構非常龐大。這並非開始進行抗議活動所需要的結構類型⋯但 Twitter 讓這種情況發生了[11]。

McKesson 在這次採訪裡，並未詳細說明此種結構的主要內涵，但我們已經注意到其中幾種特點。首先，正如 McKesson 在採訪中所強調，一場運動可以從任何人開始發起。社群媒體讓每個人都擁有發言權，如果讓正確的核心人群聽到的話，便有機會迅速擴大到國內或國際受眾。這種運動的領導者也會自然出現，最後可能會是一位與本地根源較深的人，例如聖路易斯市議員安東尼法蘭區（Antonio French），他是 Twitter 上的一個主要消息來源，後來他被警方依涉嫌非法集會的名義逮捕[12]。

---

10 Noam Berlatsky，「Hashtag Activism Isn't a Cop-Out（標籤行動主義不是警察）」，The Atlantic，2015.01.07，www.theatlantic.com/politics/archive/2015/01/not-just-hashtag-activism-why-social-media-matters-to-protestors/384215/。

11 同前。

12「Michael Brown protests in Ferguson met with rubber bullets and teargas（在弗格森舉行的邁克爾·布朗抗議活動遇到了橡皮子彈和催淚瓦斯攻擊）」。

領導者可以是一位從其他地方來佛格森鎮，加入了這次運動並接手指揮的人，例如麥克森本人。也可以是那些已經向全國觀眾演說過，提到關於警方對種族不公正行動的人，例如 #blacklivesmatter 的創始人阿利西亞‧巴扎（Alicia Barza），這項運動早於佛格森 #Ferguson，但後來因公眾知名度打開而躍上檯面[13]。

也許最重要的是因為這種運動的結構靈活，能即時回應當下的需求。由此產生的領導者和溝通策略，正是面對意外狀況所需的產物。例如主題標籤與 @ 地點的結合、公開推文和直傳私信的分流、文字訊息和 Vine 視頻與直播的使用，甚至手機共用與充電需求等。所有特定的因應作法都源於當下的需求，並結合了技術的侷限性和可行性。

對於這場運動之外的許多人，或對於不常使用 Twitter 的人來說，一切看起來可能混亂且「缺乏規劃」，但考量到這些社群對 Twitter 使用的流暢性，確實可以彌補原本缺乏的組織靈活性。事實上，如果沒有 Twitter 和 Vine，很可能就不會有看得到的一場運動。或者，用麥克森的話來說：「如果沒有社群媒體的話，密蘇里州官方會讓你相信我們根本就不存在」[14]。

在 Twitter 上組織一場「無領袖」的積極分子運動

---

13 Elle Hunt，「Alicia Garza on the Beauty and the Burden of Black Lives Matter（Alicia Garza 談重視黑人生命運動的美麗與負擔）」，The Guardian，2016.09.02，www.theguardian.com/us-news/2016/sep/02/alicia-garza-on-the-beauty-and-the-burden-of-black-lives-matter。

14「Hashtag Activism Isn't a Cop-Out（標籤行動主義不是警察）」。

▶ 誰來決定大家可以看到什麼故事？

相對於 Twitter 本身組織社群和散佈消息的能力來說，其整體用戶群仍屬少數。皮尤研究所（Pew Research）聲稱，2014 年只有不到四分之一的美國成年人使用 Twitter [15]。由於美國本土帶有種族色彩的事件，根本就與媒體消息高度隔離 [16]，因此花了這麼多時間才讓新聞登上主流媒體，就見怪不怪了。事實上，在第一家主流新聞報導之前，#ferguson 主題標籤上已經有超過 100 萬則關於事件的推文 [17]。

不過，這並無法阻止佛格森警方的積極控制和遏制這些消息，並將（大多數）記者隔離降級為「press pen（只能寫新聞卻無法貼近採訪）」，遠離實際抗議現場，只能寫警方提供的新聞。警方也逮捕了華盛頓郵報和赫芬頓郵報的記者，因為他們拍攝了警察活動。警方甚至對半島電視台的攝製組，發射了橡皮子彈 [18]。

---

15 「Social Media Fact Sheet（社交媒體實情報告）」，Pew Research Center，2018.02.05，www.pewinternet.org/fact-sheet/social-media/。

16 Robert P. Jones，「Self-Segregation: Why It's So Hard for Whites to Understand Ferguson（自我隔離：為什麼白人很難理解弗格森）」，The Atlantic，2014.08.21，www.theatlantic.com/national/archive/2014/08/self-segregation-why-its-hard-for-whites-to-understand-ferguson/378928/。

17 Conrad Hackett，Twitter 貼文，2014.08.20，5:59 p.m.，twitter.com/conradhackett/status/502213347643625472。

18 「Michael Brown protests in Ferguson met with rubber bullets and teargas（在弗格森舉行的邁克爾・布朗抗議活動遇到了橡皮子彈和催淚瓦斯攻擊）」。

但主流媒體最後終於清楚的知道了這場運動，不只是警方的立場，也聽到了抗議者的聲音。聯邦調查局也在同時介入這個事件，並調查（後來也譴責）了佛格森警察局的行動。國際特赦組織則派出觀察員，並疾呼警方對抗議者有侵犯人權的行為。

但如果這個故事並未突破重圍？如果消息被封鎖在佛格森鎮呢？

除了國家主流媒體從一開始就沒有報導到佛格森的抗議事件，就連Facebook 也非常沉默。正如前面所討論過的，雖然 Twitter 有事件順序回溯的消息發送，主要是由 #ferguson 主導傳送給許多美國人，但Facebook 的演算法反饋並非如此，有時甚至發送者是同一個人也一樣[19]。演算法會自行做出「決定」，而他們的決定便會影響我們看到的貼文[20]。

無論原因如何，在 2014 年當時，Facebook 的演算法「決定」冰桶挑戰（Ice Bucket Challenge，為漸凍人募款的活動）是一個比佛格森抗議事件更適合大多數用戶的內容主題。因此，只有在 Twitter 上推文或轉發，才會立即將內容放在每個關注者看到的貼文最上方，讓這個故事有機會傳播擴散。不僅增加這些消息被發現的可能性（相對於強調它們的演算法），還使社群平台對組織運動產生幫助，並確保來自抗議事件核心的推文（和轉推）不斷出現。

---

[19] 同前。

[20] Zeynep Tufekci，「Algorithmic Harms Beyond Facebook and Google: Emergent Challenges of Computational Agency（Facebook 和 Google 之外的算法危害：電腦代理機構的新挑戰）」，Social Media Studies, ed. Duan Peng 與 Zhang Lei，第 213 頁，https://ctlj.colorado.edu/wp-content/uploads/2015/08/Tufekcifinal.pdf。

Twitter 現在已經改掉這種貼文的呈現方式了。在佛格森抗議事件之後不久，Twitter 推出了「While you were away（當你離開時）」—— 讓演算法介入並改變這種追蹤反向時間軸貼文的做法 [21]。在 2018 年時，Twitter 將演算法時間軸作為預設值。雖然他們也提供用戶切換到追蹤帳號的反向時間軸選項，但應用程式卻經常跳回到演算法的新設定值。

演算法之所以如此的原因很簡單，因為這項演算法提高了使用時的參與度，讓新用戶可以輕鬆得到新的訊息 [22]，這種做法也將增加廣告收入並幫助 Twitter 獲利。但這又會產生另一個重要的問題：下一個佛格森抗議事件會變成什麼樣呢？我們有機會知道嗎？或是我們早已錯過了？

最後，Twitter 對佛格森鎮的人與當地的抗議活動，亦即在當地實況與在數位網路上雙重方面的活動，都扮演極為重要的角色，並帶來積極正面的影響。它不僅促進了溝通和協調，甚至具有比五年前更廣泛的訊息傳播能力。

雖然過去在 #ferguson 和 #blacklivesmatter 所發生的線上組織運動，帶來很好的成果，但這種網路運動並非對每個人都好。

---

[21] Alex Kantrowitz，「An Algorithmic Feed May Be Twitter's Last Remaining Card To Play（演算法饋送可能是 Twitter 的最後一張王牌）」，BuzzFeed News，2015.06.29，www.buzzfeednews.com/article/alexkantrowitz/an-algorithmic-feed-may-be-twitters-last-remaining-card-to-p。

[22] 同前。

不是退出網路就能天下太平：GamerGate 如何將社群媒體變成現實生活的武器？

2014 年，一群活動人士開始在 Twitter 上出現，跨國進行組織，並且傳播他們的訊息。他們正在進行的不是一場新的戰鬥，但有些戰術是新的，他們在組織團體與實踐的手段上，呈現出既多且更強大的規模。這種技術純熟活躍分子的鬆散聯盟，在網路上互相找到彼此，並招募其他人加入，同時還抵制敵人的進展。他們的線上策略所帶來的影響，竟然也對「真實」世界產生了顯著的影響。

雖然這上面說的情況對於佛格森的抗議者來説，都是實際發生的真實事件，但我在這邊指的並非那種情況。2014 年時，另一群人出現在國家舞台上，同樣也是大部分透過 Twitter 進行運作。這群人的組織便是 GamerGate。當時，這個團體並不是在為社會正義而鬥爭，而是跟那些被稱為「社會正義戰士（social justice warriors）」或者簡稱為 SJW 的人，進行明顯的反社會鬥爭。

這些 GamerGater 的主要成員是年輕、白人、異性戀和男性，他們譴責遊戲界的多元化，認為這是對直男白人這種遊戲裡的「少數民族」攻擊。不過這並非只是一場言語或思想上的論戰而已，還是一場涉及身體暴力威脅的戰鬥，由於威脅如此真實，以致於這些受到威脅的人，逃離了自己的正常生活。戰鬥也不光是停留在 GamerGate 組織裡，在這個群組裡還形成了一項新的運動，亦即所謂的 alt-right（另類右翼）運動。

在 2016 年美國總統大選中，這個運動不僅改變了選戰基調，也可能逆轉了一些選票，在大選中發揮了舉足輕重的作用。但他們發起的這場文化戰爭，卻導致 2016 年 12 月在華盛頓特區的披薩店槍擊事件，也造成 2017 年 8 月在弗吉尼亞州夏洛茨維爾市，社會運動人士 Heather Heyer 的死亡。

但在我們探討 alt-right 這個主題之前，首先必須解釋導致他們崛起的事件：GamerGate。

▶ Zoë Quinn 和來自地獄的部落格文章

2013 年，獨立遊戲開發商 Zoë Quinn（佐・昆恩），發表了《Depression Quest》（抑鬱探索）這款遊戲 [23]，這不是一款傳統的線上遊戲，重點就在這裡。從 1980 年代以來，大眾對線上遊戲的看法一直是角色扮演遊戲（如《魔獸世界》）、第一人稱射擊遊戲（如《決勝時刻》系列）和體育遊戲主導。在這些套路定型的遊戲中，對競爭、征服和暴力的強調，幾乎是鎖定在固定類型的遊戲玩家，亦即與住在郊區、青少年（直男、白人）男性等玩家類型密切相關。

---

23 Simon Parkin，「Zoë Quinn's Depression Quest（Zoë Quinn 的抑鬱探索）」，The New Yorker，2014.09.09，www.newyorker.com/tech/annals-of-technology/zoe-quinns-depression-quest。

雖然一般線上遊戲本身的競爭甚至暴力，並沒有任何內定的男性化觀點。但是在西方文化中，尤其是在美國，競爭、領導力和英雄主義（經常會跟其中某個「好人」角色的暴力相混淆），通常很不幸地會與男性氣質的觀念交織在一起。

Quinn 的遊戲（以及她身為一名遊戲玩家的形象）幾乎是站在這種觀念對立面的代表。她是一位女性酷兒（queer），她把晶片植入自己的身體裡，因為這樣她就可以扮演成一個「機器人」，所以 Quinn 等於完全代表一個與一般遊戲玩家截然不同的形象[24]。

同樣的，她所開發的這套新遊戲《抑鬱探索》，也不是要玩家殺死納粹分子或保護地球免受外星人入侵，飆高腎上腺素，甚至算不上是歡樂的遊戲類型。這套遊戲試圖讓人們能夠更了解憂鬱症患者經歷的事情，因為這是 Quinn 自己所經歷的事[25]。無論這是否是一款「好」遊戲（我沒有玩過），它都將成為一個重要的遊戲，也肯定會成為遊戲歷史裡的一部分。不光是因為它揭示了線上遊戲的更多可能性，而且還因為它所引發的「運動」。

我希望我正在說的「運動」，是指一項支持和鼓勵大眾對遊戲（或遊戲玩家）拓展可能性的運動。但很不幸的，事情的發展並非如此。

---

24 Noreen Malone，「Zoë and the Trolls（Zoë 與網路酸民）」，New York Magazine，2017.07.24，http://nymag.com/intelligencer/2017/07/zoe-quinn-surviving-gamergate.html。

25 同前。

Quinn 面臨一些來自傳統的／類型化的遊戲玩家噓爆她的遊戲，也收到媒體的相關報導 [26]。像《抑鬱探索》這種突破界限的遊戲，尤其是由來自 LGBTQ（各類型同志群體的總稱）社群的女性遊戲玩家，必然會成為議題，自然也會導致一些負面的（或正面的）反應。

但在 2014 年 8 月，還發生了一件事情：Quinn 和男友 Eron Gjoni 分手了，因為兩人的戀情進展並不順利。包括 Quinn 本人在內的其他人，已經寫過相關細節的文章 [27]，所以我就不再細述這件事情的始末。最後的重要結果是 Gjoni 在一場預謀的盛怒下，發表了一篇部落格文章，指責 Quinn 與遊戲新聞網站 Kotaku 的記者上床，以換取對這套新遊戲的正面評價，事實上，這位記者並未發表對該遊戲的評論。

多年來對線上遊戲多元化的積怨，以及利用這種憤怒的部落格文章，導致了線上爆量討論的結果，就是「the Zoë post（關於 Zoë 的討論）」出現了自己的 subreddit（reddit 網站的分類討論項 [28]）名為 quinnspiracy（Quinn 的盜取行為），並導致 4chan 超級書呆子宅男網站上，產生了 memes（迷因、網路爆紅事件或圖片）、rickrolling（瑞克搖、一種詐騙連結）、「epic fail（慘敗）」、和 Trump Train（川普列車，類似網路陰謀），以及大量的性別歧視、種族主義，以及偶爾也會

---

26 Kyle Wagner，「The Future of the Culture Wars Is Here, And It's Gamergate（文化大戰的未來就在這裡，這裡是 Gamergate）」，Deadspin，2014.10.14，https://deadspin.com/the-future-of-the-culture-wars-is-here-and-its-gamerga-1646145844。

27 同前；「Zoë and the Trolls（Zoë 與網路酸民）」；「Zoë Quinn's Depression Quest（Zoë Quinn 的抑鬱探索）」；Zoë Quinn，《Crash Override》（崩潰覆蓋），New York: PublicAffairs，2017。

28 特定 Reddit 社群的 Reddit 名稱，通常圍繞討論主題或組標識符進行組織。

有線上協同騷擾的活動以及 8chan 的出現，這是一個認為 4chan 太過於「政治正確」的網站（用 Ben Schreckinger 的話來說，8chan 對 4chan 而言，就像是 ISIS 對基地組織一樣）[29]。

反社會媒體：
當國內心理虐待策略規模擴大時

這些討論不只是停留在討論的階段而已，事情很快就變得暴力。

當 Gjoni 的文章上線時，Quinn 想起她收到朋友發來的訊息：「你剛剛被砸了一些很惡毒的東西」[30]。此後不久，她過去的簡訊、親密照片和純粹捏造的內容，立刻充斥在網際網路的黑暗角落裡。

在未經 Quinn 本人同意的情況下，她的個人訊息、私密「文件」被人在網路上發佈，讓完全陌生的人，不分晝夜的任何時間，不斷地打電話給她。她的家庭成員也被揭露、連累，也把私密內容或威脅訊息，發送給了她的家人，同時也會透過郵件寄出，因為她忘記自己的帳戶已經被駭了。雖然一般人也有可能遇到這種事，尤其是過去這種分手報復行為經常發生在女性身上[31]，但這次一切並未停止。

---

29 Ben Schreckinger，「World War Meme（迷因世界大戰）」，Politico Magazine，2017.03.04，www.politico.com/magazine/story/2017/03/memes-4chan-trump-supporterstrolls-internet-214856。

30 《Crash Override》（崩潰覆蓋），第 10 頁。

31 Kathy Sierra，「Why the Trolls Will Always Win（為何網路酸民不敗？）」，WIRED，2014.10.08，www.wired.com/2014/10/trolls-will-always-win/。

幾個月後，在 2015 年 1 月，Quinn 寫了一篇部落格文章，關於正在進行的、針對她的名為「August Never Ends（八月永遠不會結束）」的攻擊內容 [32]。在她 2017 年出版的《Crash Override》（崩潰覆蓋）一書的介紹中，Quinn 寫了「大多數人際關係以分手告終。但有時候分手竟然如此瘋狂，以致於你告訴你的朋友、家人和治療師，這一切會成為一個恐怖的故事⋯我的分手竟然需要聯合國進行干預才行。」[33]

回想起來，即使事件還正在展開中，但很明顯的都還是會比《抑鬱探索》遊戲或 Zoë Quinn 來得更龐大。正如 Adam Baldwin 所說，GamerGate 是針對 Quinn 和遊戲開發者 Brianna Wu，以及女權主義遊戲評論家 Anita Sarkeesian [34]，和幾乎所有曾經代表他們公開發言者的大爆發，因為 GamerGate 的積怨已經醞釀了一段時間。

GamerGate 會在獨立遊戲產業真正起飛的同時「一起出現」並非巧合，因為此時的傳統樣板遊戲和這些遊戲玩家，已經被日益多元化的遊戲玩家群體所開發出的多元化遊戲市場「推開」[35]。

---

[32] Zoë Quinn，「August Never Ends（八月永遠不會結束）」，Zoë Quinn（blog），2015.01.11，http://ohdeargodbees.tumblr.com/post/107838639074/august-never-ends。

[33] 《Crash Override》（崩潰覆蓋），第 1 頁。

[34] Nick Wingfield，「Feminist Critics of Video Games Facing Threats in 'GamerGate' Campaign（在 GamerGate 戰役中面臨威脅的遊戲女性主義批評家）」，The New York Times，2014.10.15，www.nytimes.com/2014/10/16/technology/gamergate-women-video-game-threats-anita-sarkeesian.html。

[35] 「Zoë and the Trolls（Zoë 與網路酸民）」。

雖然像 GamerGate 這樣的社群學討論很令人著迷，同時也讓人覺得痛苦，但他們的戰術和後續行動，對本書的討論而言相當重要。GamerGate 期間出現了幾個關鍵的戰術趨勢，並繼續發展出後續活動，威脅到美國和其他地方的公共議題，甚至威脅到選舉的公正性。

正如佛格森活動人士的線上組織一樣，GamerGate 也在線上組織活動。不過其中有個關鍵的區別，因為他們沒有使用像 Twitter 這樣的流行社群平台，進行組織與招募在街頭進行的活動。相反的，他們使用了較不為人知的平台，例如 4chan、8chan 和更狡猾的 subreddits 方式，進行組織並招募更多人到公共社群媒體（例如 Twitter）上進行操作。

換句話說，Twitter 並非他們的組織平台，而是戰場。在那裡，他們啟動了分身帳號和機器人攻擊，傳播他們的目標、宣傳他們的任務，並專門針對他們的目標進行攻擊。

使用分身帳號或機器人來傳播假訊息，也是 GamerGate 的一個獨特標記。我記得我第一次發佈關於 GamerGate 的推文時，使用了「GamerGate」這個詞。我幾乎是立刻就收到了好幾個帳號的回覆，而且這些帳號都看不到可靠的個人身份訊息。

其中一篇回覆包含了一個很可笑的 GamerGate 口號：「事實上，GamerGate 是關於遊戲新聞的道德規範」。另一篇回覆是關於批評 Kotaku 道德的 YouTube 影片連結。根本沒有真實的人對我的推文內容做出回應，相反的，他們用的顯然是一種恐嚇策略，旨在恐嚇任何膽敢評論這項運動的外人。

這些機器人會回應各種推文。有幾次，包括一次是在 2017 年，如果我發佈了一則包含「doxxed（惡意散佈）」字樣的推文，一個個人資料圖片上是正統猶太男子油畫的機器人，以及一個用反猶太人（anti-Semitic）誹謗作為個人資料名稱的人，會立刻回覆並告訴我「doxxed」是「doxed」的拼字錯誤（事實上 dox 的過去式可以使用一個或兩個 X，我碰巧更喜歡用兩個 X）。這種自動恐嚇是技術上便宜但社交上強大的方式，可以用來壓抑一些聲音，並對圍繞運動的公共討論，施加不成比例的控制。

▶ 毫無準備：平台、警察和法院如何（未能）回應？

儘管有謊言、有針對性的騷擾以及暴力上的實際威脅，但 GamerGate 的受害者很難從平台和執法部門獲得幫助。執法部門不知道如何處理 Quinn 的警方報告 [36]、Brianna Wu 要求聯邦政府調查和起訴 8chan 的擁有者也沒成功 [37]。

面對「言論自由」，Twitter 對於是否關閉相關帳戶也非常猶豫不決。而刑事騷擾案中的一名法官（他將被告無罪釋放）表示，如果 Quinn 想

---

[36] 「August Never Ends（八月永遠不會結束）」。

[37] Briana Wu，「I'm Brianna Wu, And I'm Risking My Life Standing Up To Gamergate（我是 Brianna Wu，我冒著生命危險對抗 Gamergate）」，Bustle，2015.02.11，www.bustle.com/articles/63466-im-brianna-wu-and-im-risking-my-life-standing-up-to-gamergate。

要避免騷擾，也許她應該遠離網路。當她提醒法官，她身為獨立遊戲開發者的職業需求，不僅需要在網路上進行線上展示，也需要用到公開的社群媒體。法官竟然回答她說：「你是一個聰明的孩子…找個不同的職業吧」[38]。

雖然對方的攻擊從未完全停止過，但 Quinn、Sarkeesian 和 Wu 已經決定勇敢面對這場鬥爭，而且也在遊戲行業和社群媒體平台上，成為鼓勵變革的強大聲音。Quinn 和 Sarkeesian 向聯合國講述了線上濫用和騷擾問題[39]，Quinn 還成立了一家名為 Crash Override Network 的公司，幫助個人對抗網路霸凌，與平台合作阻止那些在攻擊中違法以及違反服務條款的人[40]，Wu 甚至還出來競選美國國會議員[41]。

雖然 GamerGate 還在努力反對他們，也持續騷擾許多其他女性主義者、有色人種和 LGBTQ 社群成員等，但這三人也努力的繼續從事他們在遊戲界的工作。

但除了大眾意識到 Quinn、Sarkeesian、Wu 和其他人，揭露 GamerGate 帶來的社會問題根源，並了解像 4chan、8chan、Reddit 和 Twitter 這樣的平台，如何讓他們組織活動，以及清楚在 GamerGate 期間出現的關鍵人物與行動之外，GamerGaters 本身也開發了自己的力量。

38「Zoë and the Trolls（Zoë 與網路酸民）」。

39《Crash Override》（崩潰覆蓋），第 115 頁。

40 www.crashoverridenetwork.com。

41 www.briannawuforcongress.com。

GamerGaters 不只是網路上的一群壞蛋，同時也是一群技術靈活的人，裡面有很多宅男把大部分時間都花在網路上，尤其是像 4chan 這樣的貼圖論壇。

這些論壇當初的成立原因和成員限制，以及經由這些平台結構才可能會出現的社群實踐行動，促成了 GamerGate 社群內的某些戰術優勢，而這些優勢超出了 GamerGate 本身所能掌控。例如，4chan 平台的設計，可以讓其中的討論串被相對快速的刪除。

同樣的，Reddit 的 upvotes 和 downvotes（推與不推）系統，加上其在網站首頁上會突顯參與度較高的貼文，等於都是在獎勵大家創造病毒式內容。尤其是 4chan 的熟手，往往會敏銳地意識到哪些貼文會爆紅，或至少可以找出平台上，哪些消息可以或無法進行病毒式傳播。這種對病毒消息模式的知識，通常結合了對事件細節痴迷的病態，亦即某些 4chan 用戶口中的「weaponized autism（武裝化的自閉症）」[42]，加上嫻熟於 Twitter 上的自動化機器人技能，讓他們在建立和傳播迷因或病毒式內容時，極具優勢。

GamerGate 還讓幾個關鍵人物成為該運動的領導者，他們的領導地位也超出了 GamerGate 網站以外。這方面的兩個關鍵人物是前 Breitbart 的編輯 Milo Yiannopoulos，以及獨立評論家／挑釁人士 Mike Cernovich [43]。

---

[42]「World War Meme（迷因世界大戰）」。

[43]「Zoë and the Trolls（Zoë 與網路酸民）」。

這兩人利用他們的社群媒體實力，讓運動持續下去（後來 Yiannopoulos 被 Twitter 封鎖，因為他涉及到動員對 Ghostbusters 明星的騷擾運動。Leslie Jones [44] 和 Mike Cernovich 則是傳播 #pizzagate 陰謀論 [45]）。

兩人都能夠利用他們在 GamerGate 社群內外的知名度，在各種技術流、反女性主義、極右翼甚至極端主義等社群之間，架起聯繫的橋梁。這就像當時在佛格森的抗議者、Black Lives Matter（重視黑人生命）運動以及各種其他現有的組織和同情者，藉由 Twitter 來建立的溝通橋梁一樣。當然在 Twitter 上也出現了各種反女性主義者，而且或多或少，這些公開的白人民族主義者團體都用了雖然鬆散、但確實相互連結的方式合作運動，這項運動即被稱為「另類右翼」（alt-right）。

▶ 另類右翼的出現

#GamerGate 有幾個重要的社群論點。首先是反女性主義，尤其是針對遊戲世界的多樣性。其次是「群體機動性（group dynamic）」，他們會在網路上更深、更黑暗的角落裡進行社群組織，然後在公開的網路上進行「操作」。原先「自由主義者（libertarian）」和「極右翼（far-right）」

---

44 Joseph Bernstein，「Alt-White: How the Breitbart Machine Laundered Racist Hate（Alt-White：Breitbart 機器如何洗淨種族主義仇恨）」，BuzzFeed News，2017.10.05，www.buzzfeednews.com/article/josephbernstein/heres-how-breitbart-and-milo-smuggled-white-nationalism。

45 「Mike Cernovich」，Southern Poverty Law Center，www.splcenter.org/fighting-hate/extremist-files/individual/mike-cernovich。

政治團體之間，在「seriously, who CARES?!?!（説實話，誰在意啊？）」的心態下，很難被擺在一起。因為前者的觀點圍繞著「言論自由（free speech）」和「反政治正確性（antipolitical correctness）」，後者則加入了這些「for the lulz（為了 lulz）」（LOLs，為了有趣之意）的行動 **46**。

然而即使 GamerGate 最終被消滅了，這種趨勢也不會消失。

從真實的意義上看，GamerGate 從未偃旗息鼓，只是把注意力從遊戲轉向政治。

幾位記者和新媒體學者都寫過關於這種轉變的報導。Dale Beran 也對 4chan 下了結論，他們「唯一真實的政治聲明」就是「放在網路上的所有訊息都是免費的」**47**。與 GamerGate 相關的情況更是如此，「social justice warrior（社會正義戰士）」正在利用「將促進性別平等這類非必要的元素，加到線上遊戲中」來侵犯自由。而且這是「某些活動人士打算改變線上遊戲的大陰謀」行動裡的一部分。

有些人自己上網挖掘相關訊息，以便揭開這個陰謀。然而由於「所有訊息都是免費的」，因此這種行動也還可以接受？錯了，作為公民的責任，本來就應該分享並揭露他們發現的訊息。

這些論調聽起來很耳熟吧！然而由一個沉默但強大的少數群體所發起的深度陰謀，打算在「社會正義」的旗幟下，奪走多數人的自由？這也是

46「Why the Trolls Will Always Win（為何網路酸民不敗）」。

47 Dale Beran，「4chan: The Skeleton Key to the Rise of Trump（4chan: 川普崛起的萬能鑰匙）」，Dale Beran（blog），2017.02.14，https://medium.com/@DaleBeran/4chan-the-skeleton-key-to-the-rise-of-trump-624e7cb798cb。

在 2016 年美國總統大選期間，讓許多人產生共鳴的訊息（而且是處在全球其他政治實體的背景下，我們將在後面的章節中加以探討）。

這種由民主黨的「全球主義者（globalists）」及全世界的共犯所進行的這種「深層政府」（Deep State，指實際真正在背後控制國家的集團）陰謀，便是被稱為「另類右派運動」的關鍵潛在政治理論之一，也是川普總統的第一任參謀長史蒂夫・班農（Steve Bannon）的基本信仰體系[48]。

但 GamerGate 與 alt-right 之間的相似之處並不僅是意識形態，alt-right 運動更是由許多與 GamerGate 相同的人所組成。

在一篇具有指標性意義的新聞調查報導中，喬・伯恩斯坦（Joe Bernstein）所寫的「另類右翼：布萊巴特（Breitbart）新聞網機器如何利用種族主義仇恨」裡，記錄了這些運動之間的各種關聯[49]。

具體來說，在 GamerGate 嶄露頭角的米羅・雅諾波魯斯（Milo Yiannopoulos）與史蒂夫・班農（Steve Bannon）和美世家族（Mercer family、右翼政治的主要贊助者，包括 2016 年大量資助英國的投票脫歐活動）。而 Breitbart 旗下的一名編輯，協助班農迎來「4chan 高手與 GamerGate 老手們」。

---

48 Daniel Benjamin 與 Steven Simon，「Why Steve Bannon Wants You to Believe in the Deep State（為什麼史蒂夫・班農要你信任深層狀態）」，Politico Magazine，2017.03.21，www.politico.com/magazine/story/2017/03/steve-bannon-deep-state-214935。

49 「Alt-White: How the Breitbart Machine Laundered Racist Hate（Alt-White: Breitbart 機器如何洗淨種族主義仇恨）」。

伯恩斯坦深入研究一系列 Breitbart 電子郵件和過去其他的秘密文件，發現 Yiannopoulos 不只與 Bannon 和 Mercers 之間有聯繫，也與白人民族主義者 Richard Spencer、Devin Saucier（來自名為「美國文藝復興」網站，已被南方扶窮法律中心歸類為仇恨網站之一）、Andrew「Weev」Auernheimer（來自名為「每日風暴」的新納粹仇恨網站管理員），被起訴和開除的前川普員工 Sebastian Gorka 和 Michael Flynn（透過他兒子 Michael Flynn Jr. 聯繫），以及在《鴨子王朝》（Duck Dynasty，美國電視節目）」演出的菲爾・羅伯遜（Phil Robertson）有關係。

雖然 Breitbart 網站的高層管理人員，提出了一個比較不明確的種族主義版本的口號：另類右翼。但伯恩斯坦的調查清楚地表明，實際的新納粹分子就像是在弗吉尼亞州夏洛茨維爾組織聯合右翼集會的那些人，只是有些轉發的電子郵件，竟然是來自班農和其他在川普白宮裡最高層工作的人。

然而，我們必須考量更重要的事情，也就是 GamerGate 的策略持續在協助另類右翼。在 Politico（位於美國的一家政治新聞公司）的一篇「迷因世界大戰」文章中，Ben Schreckinger 寫到了 4chan 的文化和 GamerGate 的策略如何介入 2016 年美國總統大選[50]。事實上，在很多方面，我們都可以看到另一位候選人希拉蕊・柯林頓，簡直就是 GamerGate 行動下最慘的受害者。

50「World War Meme（迷因世界大戰）」。

Schreckinger 寫道,「白人民族主義者的另類右翼,是在 4chan 的熔爐中煉成的」,這個社群「專注於性別政治」。一些 4chan 成員把自己看成是在跟左派交戰,其他人則把選出像唐納·川普這樣的人擔任總統,可以變為一場大規模的惡作劇,或是當成「宇宙級笑話」來看。對於他們的 lulz(大笑)口號而言,確實有這種感覺。

如同 GamerGate 一樣,這些 4chan 高手使用 4chan 的「/pol/」版(政治不正確、politically incorrect 的縮寫)作為「規劃場地」。就像在 GamerGate 裡一樣,他們使用的平台原本是一個討論區,需要不斷的參與,以保持討論串不被刪除,也就是說,他們很熟知創建和傳播病毒式媒體的作法,他們也利用了這種優勢。

在 4chan 裡所產生的計畫,大部分都是在 Reddit(類似分類新聞網站)上進行醞釀或市場測試。即使在大多數不那麼有趣的子版裡,用戶往往也會比 4chan 上的用戶更屬於主流派。4chan 規劃的作品經常遍佈 Reddit,因為它的推噓(up-downvotes)系統協助過濾掉最多病毒內容(儘管 Schreckinger 聲稱另類右翼「豐富了規則」,無論如何都可以推升他們的某些內容)[51]。

事實證明 4chan 和 Reddit 上最成功的內容 —— 亦即最容易被「normies」(不懂流行文化的麻瓜)接受,進而在 Twitter 和 Facebook 上播種,因為這類內容很容易被跟它們同類的自動(機器人)和分身帳號轉發,就像他們在 GamerGate 期間所做的一樣。

---

[51] 同前。

但還有一個問題，因為 alt-right 並不完全是一群志同道合的人，在網路上找到對方並組織起來的基層運動。所以有資金充足的政治人物，在 GamerGate 期間觀察了這個社群的力量，因此讓他們參與選舉期間的政治行動。

根據 Schreckinger 的說法，在選舉初期，川普的競選活動密切監看 Reddit 網站，尤其是一個名為 The_Donald（唐納）的子版。Schreckinger 將 The_Donald 描述為「4chan 與主流網路之間的管道」，源自 4chan 的眾多迷因和影片，便透過 The_Donald 成為主流，川普競選工作人員甚至川普本人也分享了一些。在史蒂夫・班農負責川普競選期間，這個管道的傳播力量也最強。

▶ 群眾規則或者由誰決定可以說什麼故事？〔終極版〕

最終，我們永遠不會知道社群平台在 2014 年，以及後來對這些美國國內社會問題的全面影響。我們不知道會有多少人，真的因為大眾對警察暴力和種族不和諧的認識和動員而得救（或受害）。如果社交網路沒有為攻擊者提供尋找彼此的平台，並對他們的仇恨和暴力訊息進行細緻的強化，我們便永遠不會知道 GamerGate 受害者的生活會產生什麼樣的天翻地覆。當然，我們也永遠不會知道在 2016 年大選前的影響力行動，改變或壓抑了多少選票。

當然，我們確實知道一些內幕。我們知道了佛格森的警察暴力和種族緊張局勢，並未開始也沒有結束。我們也知道，傑出的女性（尤其是那些

撼動輿論或說出不公正的女性）總是會比男性更被針對性的看待（尤其是在科技界）。我們還知道，「alt-right meme warriors（另類右翼迷因戰士）」以及左派的一些人（我們將在下一章探討），一些尋求干涉美國政治的外國代表等所進行的影響行動，改變了那場選舉的基調，並影響了大眾討論的主調。

我們當然也知道，社群媒體在塑造這些事件的結果方面，發揮了重大的作用。正如 DeRay McKesson 所說，如果不是 Twitter 的話，住在聖路易斯地區以外的人，可能完全沒機會聽到佛格森事件，更別提能夠加入或傳達我們的集體聲音。

另一方面，讓活動分子在佛格森組織群眾的那種開放性，同樣也讓攻擊者在 GamerGate 期間，組織和實施對女性及其盟友的攻擊。但從另一個角度來看，開放性也可以為 Quinn 和 Wu 等獨立遊戲開發者，以及 Sarkeesian 等評論家，提供發聲管道、訊息覆蓋率和創新商機的機會。無論是好是壞，像 4chan 這樣的論壇，使用隱密的討論串，以及利用 Reddit 的推噓功能等，都讓那些試圖在這些平台之外創造和傳播病毒式訊息的人，提供了各種可能性。

在某種程度上，只要提到新的網路社群技術，總會被當成有好有壞的情況。但這並不意味著工具（或開發和維護這些工具的人員和公司）都會是中立的。當然也不代表他們對平台上發生的事情，就能少承擔一點責任（在某些情況下雖然可能不違法，但卻是在道義與責任上的問題）。

當法官告訴一個獨立的網路遊戲開發者如果想避免騷擾和虐待，就不要上網尋找新的職業，那就像是在叫你不要去大賣場或便利商店一樣無理。

網際網路是二十一世紀生活的核心，而社群媒體是一個「中介型的公共空間」，擁有和營運「私人」平台的人，有責任至少要讓他們邀請來使用平台的人，可以安全安心的造訪。不過你不需要等他們去做，就像過去幾個世紀的許多技術革命一樣，它將會在廣大民眾的意願和努力下，讓這些「中介型的公共空間」不斷演變，並且會在必要時倡議立法改進，以確保所有人獲得公平、安全的溝通管道。

以這個觀點作為本章結論，讓我為各位留下兩位來自科技界知名女性鼓舞人心的話。

人們認為自己是無能為力和孤單的，但唯一能讓人無能為力的東西，就是真的認為如此。只要人們一起努力，就會變成一股力量，而且非常強大。

— Quinn Norton [52]

雖然他們對我所做的事情令人髮指，但那些負責毀掉我過去生活的人卻忽視了一件重要的事情：我比他們更擅長遊戲。

— Zoë Quinn [53]

---

[52] Quinn Norton，「Everything Is Broken（每件事都崩壞）」，The Message，2014.05.20，https://medium.com/message/everything-is-broken-81e5f33a24e1。

[53]《Crash Override》（崩潰覆蓋），第 7 頁。

▶ 本章總結

本章探討了三個不同但相關的歷史事件，其中社群媒體平台的可能性和侷限性，對這些事件的發生方式產生了重大影響：邁克爾‧布朗在密蘇里州佛格森槍擊事件後的抗議活動，GamerGate 攻擊線上遊戲界的知名女性，以及 2016 年美國總統大選期間動員的另類右翼。

在每個事件裡，Twitter、4chan 和 Reddit 等平台所提供的可能性，與身在其中的社群意識形態和習慣相結合，導致了特定類型的虛偽「操作」。社群媒體可以讓社群組織並招募新成員加入運動，但並非總是能夠用在良善的社交上，當他們尋求平衡言論和自由集會的權利，與生命、自由和安全擺在一起的時候，由於這些平台和線上空間的限制，對於立法者和平台管理者來說，可能會給執法部門帶來挑戰，而且是在比平常更大範圍下的挑戰。

從許多方面看，2014 年是社群媒體對社會影響的起始點，或至少是一個重大的加速點。而且不僅在美國本地，接下來的章節中，我們還將解釋這些美國境外的操作，包括跨國操作等，亦即那些並非偶然發生的社群組織操作行動。

CHAPTER

5

被駭的民主
（上篇）

俄國干涉與新冷戰

▼

社群媒體讓活動人士團體、極端分子和濫用者群體們，能夠相互聯繫並協調他們的活動。同樣的工具也可以被用來傳播政治訊息，不僅讓合法團體與非法人士均可使用，甚至也包括想干涉另一個國家選舉的外國國家。這就是我們目前所處的環境，因為美國、北約、歐盟及其（潛在）盟友，均曾受到俄羅斯訊息戰的攻擊。本章將揭露其中一些操作手段，並談論牽涉到 2016 年美國總統大選的部分，最後則將著眼於未來的威脅和防禦。

▶ 到底發生什麼事？

2018 年 11 月 8 日，上億美國人及全世界各地的人，一起觀看了美國總統大選的結果。原先賠率和民調都指向希拉蕊・柯林頓將會取得勝利，差別只在到底會贏多少，以及所屬的政黨是否也能占國會多數。

當然，事情並非如此。儘管希拉蕊贏得民眾支持，但川普在關鍵的搖擺州贏得勝利，使他在選舉團中，獲得成為美國第 45 任總統的優勢。

幾乎在他被主要新聞網宣佈為確定的贏家之後，專家和學者們立刻開始質疑：「到底發生了什麼事？」甚至一些支持川普而非希拉蕊的人，也對他的勝利感到驚訝。大家都把矛頭指向民意調查員及其所使用的民調方法，這些人可能需要在網際網路和智慧型手機的年代（相對於家家戶戶的市內電話而言）更新民調的做法才行。

大家也指責了主流媒體的偏見，也就是只從某個角度報導，卻對其他候選人視而不見的作法。許多選民對兩黨制不滿意，不投主要政黨候選人或投票支持第三方候選人，讓一些民主黨人士感到憤怒。而且，正如勝券在握的候選人卻輸掉選戰的情況一樣，也有許多人開始要求廢除美國大選的選舉人團（Electoral College）制度。

但對許多人來說，主要的責任是在於希拉蕊・柯林頓本人身上。不僅她的舊醜聞不會消失，像是：班加西使館攻擊事件、她對丈夫比爾擔任總統時性騷擾指控的回應、她的「社會主義」傾向（支持全民健保）等。新的醜聞事件也不斷爆出，例如她用私人電子郵件伺服器執行國務院官方業務，代表她無視國家機密的安全風險。在該郵件伺服器上遺失的電

子郵件，肯定包含了機密訊息（這算是違法的行為）或涉及其他秘密的邪惡活動等。她的私人通訊則顯示了民主黨全國委員會採取了「相應措施」，以確保更溫和的希拉蕊可以贏得黨的提名，而非提名民主社會主義者伯尼・桑德斯（Bernie Sanders）。

大選前三週，FBI 局長詹姆斯・科米（James Comey）宣布司法部正在重新審理希拉蕊私人電子郵件伺服器一案。更別提那些說希拉蕊涉嫌下令部屬執行謀殺的更多毀謗謠言[1]，而且使用的是「精神折磨」[2]，或「控制大規模兒童性交易圈」[3] —— 儘管毫無根據，卻也讓一名男子帶著槍到華盛頓 D.C. 的披薩店自行「調查」等（這些陰謀論目前尚未完全消失）。最後的結果，讓原先許多溫和派或桑德斯的支持者，亦即本來應該會支持希拉蕊而非川普的人，卻把票投給了第三方或棄權抗議，所以也成了川普勝選的隱性推手。

[1] 「FBI Agent Suspected in Hillary Email Leaks Found Dead in Apparent Murder-Suicide（聯邦調查局負責調查希拉蕊電子郵件洩密案的幹員，被佈置成死於自殺）」，David Mikkelson，Snopes，2019.01.03，www.snopes.com/fact-check/fbi-agent-murder-suicide/。

[2] 「Was Clinton Campaign Chairman John Podesta Involved in Satanic 'Spirit Cooking'?（希拉蕊的競選主席約翰・波德斯塔是否參與了惡毒的「精神煎熬」？）」，Dan Evon，Snopes，2016.11.04，www.snopes.com/fact-check/john-podesta-spirit-cooking/。

[3] 「Anatomy of a Fake News Scandal（假醜聞新聞的剖析）」，Amanda Robb，Rolling Stone，2017.11.16，www.rollingstone.com/politics/politics-news/anatomy-of-a-fake-news-scandal-125877/。

雖然其中有些醜聞多少可能帶有一點真實性，而且大多數的醜聞，都是由許多美國人自己認真分享的。但在整個 2017 年，背後有其他力量在推波助瀾的看法，變得越來越清晰。是的，希拉蕊似乎陷入了醜聞；是的，川普也似乎代表了許多「主流」記者和政治人物所追蹤關注的人和想法。

但我們現在知道了，這些內容並非真的自然發生。因為有人攻擊了 DNC 伺服器，竊取了希拉蕊競選主任約翰・波德斯塔（John Podesta）的電子郵件，並強化這些郵件內容的醜聞性，也強化社群媒體上的親川普（pro-Trump）運動。許多陰謀理論透過各種社群媒體平台，使用分身帳戶的操控風向者來傳播和放大。正如研究人員和美國情報界現在所認同的情況，所有跡象都指向同一個罪魁禍首：俄羅斯。

不幸的是，只要稍微不注意，許多人便自己淪為了俄羅斯計畫裡的犧牲品，還包括同時發生的其他影響行動等。因此許多人要不就把俄羅斯形容成可怕的怪物，要不就是說俄羅斯必須為那些他們不喜歡的政治論述和政治勝利，負起全部責任。有些人則是將宣傳問題認為是「俄羅斯的 Twitter 機器人」搞鬼，然後嘲笑它們。前者會使我們忽略了其他的外國角色，以及國內不良行為者和普通公民在假訊息傳播裡的作用，後者則使我們完全忽視了問題的廣度和嚴重性。

▶ 迎接新的戰爭，就像冷戰時期一樣

現實的情況是俄羅斯將自己描述為處於「對抗美國的訊息戰」狀態，當然其中也包括對抗北約盟國[4]。多年來，俄羅斯一直使用網站、部落格和社群媒體，作為他們在訊息軍械庫裡的最新工具，以便用來對付美國、英國、歐盟、北約、烏克蘭和敘利亞反抗軍等。他們的目標是擴大其「帝國」[5]，充實普丁的「核心集團」，削弱歐盟和北約，並詆毀西方民主。至少要在俄羅斯周邊地區，促成一種狹隘的假民主，讓少數腐敗的寡頭政治家，為了自己的利益來掌管國家經濟[6]。

但俄羅斯不是這場行動唯一上場的球員。俄羅斯在美國和歐洲支持的極右翼民粹主義團體，也扮演了真實的角色。引發這些反移民民粹主義者的憤怒，加上激進的難民危機，也都是現實發生的狀況。還有俄羅斯在敘利亞和其他地方的活動，肯定也會助長這場危機。這些團體在俄羅斯介入、資助（如果有需要的話）之前，都已經對他們自己國內產生影

4 Martin Kragh 與 Sebastian Åsberg，「Russia's strategy for influence through public diplomacy and active measures: the Swedish case（俄羅斯透過公開外交和積極措施產生影響的策略：瑞典案）」，Journal of Strategic Studies 40/6，2017，DOI: 10.1080/01402390.2016.1273830，第 6 頁。

5 Stephen Blank，「Moscow's Competitive Strategy（莫斯科的競爭策略）」，American Foreign Policy Council，2018.07，第 2 頁。

6 Heather A. Conley, James Mina, Ruslan Stefanov, 與 Martin Vladimirov，《The Kremlin Playbook》（克里姆林宮教戰手冊），Lanham: Rowman & Littlefield，2016，第 1 頁。

響，不論是從俄羅斯或其他盟友獲得任何幫助，都能協助他們繼續產生真正的影響力。

還有其他國家，也會利用線上宣傳來推進其地緣政治目標。有七個主權國家甚至編列預算，進行影響力的操作和宣傳[7]。Twitter 最近宣布發現伊朗有一項針對該平台西方用戶的宣傳行動，來自美國、英國和以色列的私人公司，確定為主要參與者。而且 GamerGate 的魔爪，竟然也在其中。

接下來的討論裡，我們將著手調查這個新戰場，如何在全球訊息戰中攻城掠地。哪些人參與、打了哪些戰爭、平台和政府如何回應，以及 2016 年結束時的最終情況，亦即俄羅斯的影響力行動在美國總統選戰裡，發揮了哪些重要的、甚至可能是決定性的作用。

▶ 烏克蘭「分離主義者」

探索俄羅斯的線上假訊息最好的地方，便要從烏克蘭開始。根據蘭德（RAND 智庫）對俄羅斯影響烏克蘭行動的詳盡研究提到，「2014 年克里米亞的吞併，開啟了俄羅斯在世界舞台上，線上宣傳行動的首次

7　Philip Howard in:「Foreign Influence on Social Media Platforms: Perspectives from Third-Party Social Media Experts（外國對社交媒體平台的影響：第三方社交媒體專家的觀點）」，U.S. Senate Select Committee on Intelligence，Open Hearing，2018.08.01，www.intelligence.senate.gov/hearings/open-hearing-foreign-influence-operations'-use-social-media-platforms-third-party-expert。

亮相」⁸。配合對烏克蘭的軍事行動和全球外交行動，加強讓全球認為一切是為了克里米亞的「俄羅斯人」對抗克里米亞人、烏克蘭人和更大範圍的全球社會，因此俄羅斯在烏克蘭內外進行了訊息戰。

蘭德研究發現俄羅斯在圍繞克里米亞入侵的影響行動裡，存在著幾個重要因素。首先，他們強調克里米亞和烏克蘭東部的俄羅斯族人，裡面有許多人都是蘇聯時代的移民者和他們的後代。俄語媒體仍然主導著烏克蘭的訊息領域，他們便利用這個優勢，加強俄羅斯與俄裔烏克蘭人之間的團結。如此便具有三重優勢，即煽動在克里米亞的俄羅斯人、更廣泛的鼓勵在烏克蘭境內的親俄政治活動，支持親俄羅斯的烏克蘭分離主義運動（並結合對這些分離主義者的軍事支持）。

2014 年時，烏克蘭在一定程度上做出了回應，亦即封鎖了俄羅斯媒體。但截至 2017 年，俄羅斯社群媒體平台 VKontakte，在烏克蘭仍然是除了美國人的 Facebook 以外最受歡迎的社群媒體⁹。

俄羅斯還以現在標準的歐洲懷疑論述，來鎖定烏克蘭人，以免歐盟和（或）北約擴展到這個俄羅斯的主要貿易夥伴之一（而且還緊臨在俄國

8　Todd C. Helmus, Elizabeth Bodine-Baron, Andrew Radin, Madeline Magnuson, Joshua Mendelsohn, William Marcellino, Andriy Bega, 與 Zev Winkelman，「Russian Social Media Influence: Understanding Russian Propaganda in Eastern Europe（俄羅斯社交媒體的影響力：了解東歐的俄羅斯宣傳）」，Santa Monica: RAND Corporation，2018，DOI: 10.7249/RR2237，第 15 頁。

9　Mariia Zhdanova 與 Dariya Orlova，「Ukraine: External Threats and Internal Challenges（烏克蘭：外部威脅和內部挑戰）」，Computational Propaganda, ed. Samuel Woolley and Philip N. Howard，Oxford: Oxford University Press，2018，第 47 頁。

的西南邊境）。除了運用歐洲懷疑主義，也結合了圍繞烏克蘭政治領導高層腐敗的論點。俄羅斯媒體經常把烏克蘭描述成「白人至上主義」的法西斯主義者 [10]。當然，也要強調俄羅斯本身才是烏克蘭的穩定鄰居和盟友，更是傳統基督教價值觀的堅定支持者。

對於比「遠在國外」更遙遠的國際社會成員，亦即不與俄羅斯相鄰或不屬於歷史上華沙公約組織的成員國。俄羅斯便會在各地利用各種語言，提出許多支持俄羅斯和反烏克蘭的訊息，讓這些訊息在分享時更為「在地化」。雖然在各地運作的目標，同樣也是將烏克蘭帶回俄羅斯的勢力範圍，但如果無法直接控制，也要達成不讓全球干預的主要目標。因此透過強化烏克蘭腐敗、俄羅斯美德、克里米亞歷史和俄羅斯種族的敘述，再強化區域戰事升級為全球衝突的恐懼，並散佈對美國、歐盟和北約的不信任等操作，俄羅斯便能成功鼓勵全球社會接受克里米亞的兼併，或者至少不會介入。

也許俄羅斯反烏克蘭影響行動最明顯的例子，便是 2014 年 7 月馬來西亞航空公司 17 號航班發生悲劇的誤導論述。雖然西方情報部門和荷蘭領導的聯合調查小組，做出認為「俄羅斯和（或）俄羅斯支持烏克蘭分離主義者」應該為事件負責的結論 [11]，但俄羅斯卻利用這場悲劇，替烏克蘭政府軍染上不道德和無能的色彩，強調俄羅斯軍隊才是重要的穩定力量。

---

10 同註 8，第 104 頁。

11 同註 9，第 55 頁。

在此過程中，俄羅斯的宣傳管道也提出各種相互矛盾的解釋。因為，對於相信反烏克蘭方說法的人，俄羅斯知道後來一定會被他們發現實情。然而，只要透過不同的管道向不同的受眾推出多種理論，便能混淆他們，讓調查人員必須追蹤更多的調查方向，也造成輿論對事件說法紛紜。

如此，對多數人來說，便能產生「我不知道兇手是誰或者應該相信什麼？」這種透過「宣傳成癱瘓（paralysis through propaganda）」[12] 的感覺，將會持續到比調查結束更長的時間，而且有機會讓這些誤導方向的調查結果，被俄羅斯的混淆策略推遲到出現下一個主宰新聞媒體的新事件。

值得注意的是，從各地關於社群機器人的討論裡可以看出，機器人在烏克蘭似乎只發揮了很小的作用。根據烏克蘭媒體和宣傳研究人員 Mariia Zhdanova 與 Dariya Orlova 的說法：「烏克蘭的自動機器人好像並不普遍。」[13] 相反的，「手動維護假帳號，才是針對烏克蘭群眾所採用最受歡迎的線上操縱工具」。

這有可能是因為與 Facebook 那樣普遍化的平台相比，較容易使用社群機器人的平台（如 Twitter），在烏克蘭的涵蓋度相對較低，使宣傳自動化的做法變得困難，代價也更昂貴。

烏克蘭「分離主義者」

---

12 同註 8，第 9 頁。

13 同註 9，第 51 頁。

雖然吞併事件發生在 2014 年，但全球的注意力已經大幅轉移到其他地方。不過，俄羅斯在烏克蘭的訊息戰仍在繼續，有時甚至還會使用英語。在我對俄羅斯假訊息的研究裡，經常會遇到新的網站（對我而言），以及推動反烏克蘭論述的 Twitter 和 Facebook 帳戶，它們同時也會推動頓涅茨克、盧甘斯克和新羅西亞（烏克蘭境內半獨立區）「分離主義者」的自主權利。

一旦這些網路資產開發後，俄羅斯就很少會願意把它們從網路上移除，不過有時可能會對這些線上資產進行重新分配。而如果是廉價且有時性效的網路操作，便會持續進行，直到資產被其營運的平台洩露或刪除為止。

▶ 波羅的海的積極手段

瑞典和芬蘭長期以來，一直在俄羅斯（前蘇聯和華沙公約組織國）和北約之間發揮重要的緩衝作用。正因如此，在整個冷戰期間，蘇聯間諜在瑞典非常活躍，不斷的收集情報和展開行動，希望防止北約向東擴展的任何舉動 [14]。到了二十一世紀，俄羅斯威脅已經不再偏向軍事方面，反而比較偏向經濟層面（雖然這跟俄羅斯的官方聲明剛好相反）。為了從波羅的海出口石油，俄羅斯必須在丹麥（北約和歐盟成員國）和瑞典之間取得通道。

---

[14] 同註 4，第 8 頁。

鑑於美國和北約自 2009 年以來對俄羅斯獨裁政治施加的經濟壓力,包括一般制裁、以及對其地緣政治盟國(例如伊朗)甚至更嚴厲的制裁。北約可以透過瑞典來執行威脅是真實的:這並不是透過軍事威脅,而是透過瑞典強制執行波羅的海貿易封鎖的威脅。

因此,當瑞典於 2015 年開始考慮與北約簽署一項協議,讓北約軍隊可以進入瑞典領土時,俄羅斯便在社群訊息領域,採取了行動。

2015 年初,俄國國營宣傳管道 Sputnik News,推出了一個瑞典語網站。除了透過該網站,還有一個由 RT 營運的電視網路(以前稱為「今日俄羅斯」,一家國際性的俄羅斯官媒)和眾多秘密頻道,俄羅斯的宣傳幾乎氾濫了整個瑞典國內 [15]。這種宣傳包括標準的俄羅斯論述,亦即反北約訊息的傳播、擔心即將發生的核子戰爭(當然會描述成是由美國領導的北約行動所造成),以及關於歐盟如何衰敗的敘述,甚至是反轉基因和反移民的論述等 [16]。當然,再加上圍繞「瑞典 - 北約」協議的宣傳並放大其錯誤的論述等。

研究人員 Martin Kragh 和 Sebastian Åsberg 廣泛研究了俄羅斯的影響行動。他們發現,俄羅斯的慣用伎倆是「將半真半假的事誤導成事實」、「有限的範圍內徹底的捏造」等 [17]。雖然他們確實發現了某些容易

---

[15] Neil MacFarquhar,「A Powerful Russian Weapon: The Spread of False Stories(強大的俄羅斯武器:虛假故事的傳播)」,New York Times,2016.08.28,www.nytimes.com/2016/08/29/world/europe/russia-sweden-disinformation.html。

[16] 同註 4,第 16 頁。

[17] 同前。

證實的捏造和偽造事件，但大多數的俄羅斯訊息，都在進一步擴大「俄羅斯－瑞典」文化裡已經存在的友好敘述，尤其會針對來自邊緣地區的群體。

其中有個最明顯的錯誤敘述脫穎而出。也就是從 2014 年底開始，在瑞典海岸附近發現了幾起不明身份的外國潛艇。這些目擊是可信的，而且出現在合法的主流網點報導中。但這並非首次在瑞典海岸發生涉及外國潛艇的怪事。Kragh 和 Åsberg 寫道：

當蘇聯潛艇 S-363 於 1981 年在瑞典南部海岸擱淺時，據稱是由瑞典駐華盛頓大使 Wilhelm Wachtmeister 所寫的一份偽造電報，很快就出現在媒體上。電報裡表達了大使的意見，他對於斯德哥爾摩和華盛頓之間的秘密協議深感失望，因此希望能讓美國潛艇，在戰爭發生期間可以進駐瑞典海軍基地。雖然這封電報立即被揭穿是蘇聯偽造，但整個事件卻持續在瑞典的各種民間說法裡傳播 [18]。

俄羅斯的宣傳人員利用了這一點，不僅散佈關於 2014 ～ 2015 年潛艇的虛假謠言，而且還明確的將這件事與以前的美國／北約和瑞典之間，有著「秘密軍事協定」的錯誤（但仍有許多人相信）傳言連結起來。並說如此安排會激怒俄羅斯，讓瑞典變成第三次世界大戰（核子大戰）的最前線。

---

[18] 同前，第 9 頁。

「瑞典－北約」共同協議於 2016 年 5 月正式簽署，但俄羅斯的影響行
動至今仍在瑞典繼續進行著。根據一名號稱在俄羅斯網際網路研究機構
（負責拉赫塔、Lakhta 項目的人）秘密工作的記者宣稱，俄羅斯的宣傳
人員將目標瞄準了 2018 年瑞典的全國大選[19]。這是有道理的，俄羅斯
認為來自北約的威脅並沒有消失，如果有的話，波羅的海和斯堪地納維
亞半島的俄羅斯軍事壓力便會增加[20]，而且沒有理由期待在瑞典發生的
俄羅斯訊息戰，能在短期內降溫。

▶ Fancy Bear 組織和 2016 年的迷因世界大戰

大家都知道或至少懷疑，俄羅斯在網路上進行了各式各樣的訊息戰行
動，但受到最詳細調查的行動，應該就是俄羅斯為了影響 2016 美國總
統大選所做的努力。俄羅斯在 2016 年美國總統大選前後，進行了至少
四次影響行動，目的是消除西方阻礙俄羅斯地緣政治目標的障礙，尤其
是要取消歐巴馬時代對俄羅斯國家和獨裁政治的制裁。這些行動以及美

19「Journalist who infiltrated Putin's troll factory warns of Russian propaganda in
the upcoming Swedish election-'We were forced to create fake facts and news'
（滲透到普丁網軍工廠的記者在即將到來的瑞典大選中警告俄羅斯的宣傳：我們
被迫製造假事實和新聞）」，Jill Bederoff，Business Insider，2018.04.07，https://
nordic.businessinsider.com/journalist-who-infiltrated-putins-troll-factory-warns-of-
russian-propaganda-in-the-upcoming-swedish-election---we-were-forced-to-create-
fakefacts-and-news--/。

20「Russia's growing threat to north Europe（俄羅斯對北歐增強威脅）」，The Economist，
2018.10.06，www.economist.com/europe/2018/10/06/russias-growing-threat-to-north-
europe。

國大眾可能還不太清楚的其他行動，都是由俄羅斯總統府所指示：也就是由普丁及其親信們所下達。

第一個影響行動是來自俄羅斯軍事情報部門（GRU），由名為 APT28 或 Fancy Bear 組織中的駭客團隊所做。Fancy Bear 攻擊了重要的民主黨人目標，並公開了一些有失體面的資料以詆毀他們，以打壓希拉蕊·柯林頓贏得大選的機會。

第二次公共影響行動由網際網路研究機構（IRA）在 Facebook、Instagram、Twitter、YouTube、Tumblr、Medium 等社群媒體平台上進行。他們建立並強化支持唐納·川普，詆毀希拉蕊的媒體素材，並鼓勵美國政治左翼的許多團體投票給第三方候選人或不要去投票。這兩項行動都直接針對美國公民，而且是在網路上公開進行。

另外還有兩個更隱蔽，更注重商業導向的行動。其中之一是透過像瑪麗亞·布蒂娜（Maria Butina）等俄羅斯特工，與美國的公眾人物和商界領袖之間建立關係，培養人脈資源，而這些關係主要為了（但不僅限於）政治影響力。

就 2018 年因對美陰謀而被定罪的布蒂娜而言，她的主要目的似乎是要建立俄羅斯與美國保守派之間的連結，可能是為了說服他們運用影響力來取消對俄羅斯的制裁 [21]。

---

21 「Maria Butina's Defiant Plea and Yet Another Russian Ploy（瑪麗亞·布蒂納的辯護說法和另一種俄羅斯策略）」，Natasha Bertrand，The Atlantic，2018.12.13，www.theatlantic.com/politics/archive/2018/12/maria-butina-pleads-guilty-russian-agent/578146/。

第四項行動則是俄羅斯領導班底和企業領導人等，尋求與唐納‧川普、他的家人以及他的親信與顧問建立財務關係。這與普丁總統的政府與俄羅斯領導班底和商界領袖的關係，幾乎是一樣的情況。俄羅斯在政府和企業之間的互利交換關係下運作，讓有這種關係的相關人士致富，並使他們的競爭對手即使在公平的競爭環境中，也難以開展業務。

在美國，腐敗的個人可能會（或企圖）賄賂公職人員以獲得有利自己的法規。如果是在俄羅斯，靠政府官員的關係來制定有利的立法或法規的情況更為普遍，不僅可以讓自己的企業蓬勃發展，也餵飽這些貪心的商業人士和腐敗的公職人員（若要深入研究這些俄羅斯做法，請參閱《普丁的盜賊統治：誰才擁有俄羅斯？》）[22]。

這些人際關係非常重要，因為它們是公共影響行動的終極目標。與這位房地產大亨兼真人秀明星必須關係密切的重要原因，便在於如果該人脈資產一旦成為美國總統後，那麼彼此的商業關係或個人關係將立刻翻身，變得更具價值。

這種人脈資產不只是一位「高層朋友」而已，還具有外國企業夥伴為了利益而進行的私人經濟動機。更重要的是，這些員工或與他們協調的其他人，等於就有了關於即將成為總統或其統治圈班底的 kompromat（情報界術語，指抹黑材料）。由於對這些叛國嫌疑和叛國未遂關係的調查雖然相當誘人，但它們終究不在本書的討論範圍內。

---

[22] Karen Dawisha，《Putin's Kleptocracy》（普丁的盜賊統治），New York: Simon & Schuster，2014。

本書的重點在講述大數據和訊息，如何影響人類與改變歷史。因此，我會把重點關注在 GRU 和 IRA 的活動。這兩個組織成功的影響了公共話題並散佈假訊息，而且在總統大選的最後幾週內，掌控了絕大多數的討論議題。我們可能永遠不會知道他們的行動在一般選民或選舉團中，到底幫忙贏得或讓人損失了多少票。不過，毫無疑問地，他們的作為確實影響了美國人，把這些議題的想法也帶進了投票所。甚至到了 2018 年底，他們在 2016 年發佈的那些內容，仍然流傳並左右著政治上的對話（也就是說，從那以後他們所做的任何行動都還沒被監測到或被發現）。

因此，我們從 Fancy Bear 開始說起。

▶ Fancy Bear 擊潰民主黨

GRU 可能已經花了很長一段時間，專注於在美國的行動上。近幾年來，他們確實把目標放在西方國家。例如，在 2015 年 4 月，Fancy Bear 駭入法國的 TV5Monde（法國電視國際五台），並在國家電視網上發佈消息，例如「士兵們，遠離伊斯蘭國！你還有機會拯救你的家人，快利用你的機會。Cyber Caliphate 會繼續對抗伊斯蘭國家的敵人」。雖然最初的跡象表明可能是 ISIS 進行的駭客攻擊，但安全專家最後終於確定，攻擊的來源是與 GRU 相關的 IP 位址 [23]。

---

23 Sheera Frenkel，「Meet Fancy Bear, The Russian Group Hacking The U.S. Election（為您介紹入侵美國大選的俄羅斯組織 Fancy Bear）」，BuzzFeed News，2016.10.15，www.buzzfeednews.com/article/sheerafrenkel/meet-fancy-bear-the-russian-group-hacking-the-us-election。

他們打算採取行動來影響或詆毀 2016 年美國總統大選結果的最早直接
跡象之一，便是在 2015 年 10 月時，GRU 開始鎖定民主黨全國委員會
（DNC），駭入選民保護主管普拉特‧威利（Pratt Wiley）的電子郵件帳
戶。根據《芝加哥論壇報》報導，Fancy Bear 駭客「在六個月內試圖
駭入他的信箱多達 15 次。」[24]。這當然是藉完全電子投票之便，打算侵
入投票機，改變選區的幽靈票數。

雖然網路安全專家普遍同意，俄羅斯在 2016 年沒有成功改變美國的任
何電子投票紀錄，但他們確實設法在伊利諾伊州等州的選民登記紀錄
中，駭入並竊取有關美國公民的個人身份訊息[25]。美國各地的選舉官員
在各州為了選舉的安全，支持在某些情況下返回一般的紙質選票，至少
可以作為備份。

但是，即使接近 2018 年 11 月的美國期中選舉時，全美各地的安全專
家和選舉官員也仍擔心，如果確實發生這種情況，全國各地的許多區域
的票務，將無法抵禦這種對投票結果的駭客攻擊。但即便如此，這也還
不是許多選舉官員最擔心的問題。正如 NPR 在關於伊利諾伊州選民資
料洩露的報導中所說：

---

24 Raphael Satter，「Inside story: How Russians hacked the Democrats' emails（內幕：
俄羅斯人如何入侵民主黨人的電子郵件）」，Associated Press，2017.11.04，www.
apnews.com/dea73efc01594839957c3c9a6c962b8a。

25 「What Illinois Has Learned About Election Security Since 2016（從 2016 年以來，
伊利諾州在選舉安全中學到的知識）」，All Things Considered，National Public
Radio，2018.09.17，www.npr.org/2018/09/17/648849074/what-illinois-has-
learned-about-election-security-since-2016。

伊利諾斯州正投入數百萬美元的聯邦資金，以幫助該州一些較小的投票區保護他們的資料和設備。因為有些地區甚至沒有自己的 IT 人員。但這裡的官員不太擔心軟硬體的問題。他們更關心的是，即使是適度的選舉違規行為，也可能會削弱選民對美國選舉制度的信心[26]。

如果在選舉日改變選民身份或讓電子投票當機，便可能對美國民主制度產生毀滅性的打擊。這點對破壞選舉，使選舉結果失去信任同樣有效，當然也更具成本效益。如果選民的信心降到足夠的低點，便可能會抑制投票率，我們也無從檢查「從未投下」的投票。如果你將選民的信心鎖定在特定的人口統計或地理上的特定區域，就有機會以可預測和無法逆轉的方式，壓低某一方的選票。而如果這種情況發生在一個擁有大量選舉人票和最終結果的大型搖擺州時，理論上你便可以左右選情。

扭轉選情並不是唯一的結果。對這一過程進行詆毀，也可以使選舉結果受到質疑，因為如果有足夠的公民認為選舉是非法的，那麼即使選舉獲勝也很難掌權。這似乎是一種對應希拉蕊競選活動和民主黨全國委員會，一旦勝選成功時的備用破解作法。

---

26 同前。

▶ Fancy Bear 如何介入？

你看過《戰爭遊戲》（WarGames，1983 年）這部電影嗎？這並不是近期的電影，但它完美地描述了駭客的心態，這種心態是 Fancy Bear 在 2016 年大選前，所使用特定技術的基礎。在這部電影中，主角 David Lightman 希望修改他的高中生物成績，以避免去學校暑修。而學校的成績資料庫（在 1983 年確實有點令人難以相信）可以透過「線上」造訪，也就是說，從相容電腦使用數據機，並透過電話線登入資料庫。但學校的成績資料庫受密碼保護，密碼也會定期更改，並且只會持續使用一段很短的時間，而大衛並沒有資料庫的登入密碼。

不過，大衛可以嘗試一種靠計算能力推算的強大方法，例如使用演算法生成隨機密碼，直到猜到正確的密碼為止，等於使用大量的時間，便足以對付相對簡單的密碼。但如此一來，會在一段時間內大量增加登錄的嘗試行為，如此便會大幅增加攻擊被發現的可能性。

因此，相反的，他使用的是人類的智慧或者說 HumInt（發音為 hyoo-mint）法。他（故意？）定期在學校惹事，因而經常被送到校長辦公室面談，於是他發現了資料庫密碼的保存位置，並在定期更改密碼時記下新的密碼。由於他是學校的問題人物，以致於他在密碼保存位置附近頻繁的出現，會比他用家裡電話連到學校電腦進行的多次造訪猜密碼的嘗試，更難被人發覺。因此，他盜取密碼並修改成績的事，並未被學校查到。

稍後在電影中，大衛想尋找某家電腦遊戲公司的伺服器，這樣他就可以在新遊戲發佈之前，率先試玩這款遊戲（在 1980 年那個不用購買點數的年代，這樣就不必花錢買遊戲了！）。當他在遊戲公司附近的相關地

理位置，探測可能的連入電話號碼時，偶然發現了其他有趣的電腦連結，他看到了一個軍事伺服器，裡面有一種專門用來協助決策者和談判人員在冷戰時期使用的應對策略。

他諮詢了兩位同好，他們認為他永遠無法通過如此先進的電腦安全系統。但他可以找一個「後門」，亦即目前系統管理員也不知道，系統開發者留下的「秘密進入」方法。結果原來「後門」就在伺服器上的其中一個遊戲裡，名稱叫做：Falken 的迷宮。於是大衛到圖書館做了點研究，發現一位開發人員兼發明家史蒂芬‧法爾肯（Steven Falken），這個人曾經與政府長期合作，也為政府工作過。在研究了法爾肯的生活後，大衛發現了法爾肯的「後門」密碼，並且進入了系統（最後的結果是幾乎引發第三次世界大戰…）。

自 1980 年代初期以來，加密技術與電腦網路安全呈指數級增長。在沒有任何系統相關知識的情況下，使用暴力方法幾乎注定會失敗，因為把資料加密，遠比找出加密的「密鑰」容易得多（而且由於負責這兩個過程的都是同一種類型的處理器，因此這種不對稱的情況還會存在一段時間）。

但是，同樣自 1980 年代以來，密碼破解技術在複雜度和普遍性方面也大幅增加。從那以後唯一沒有增加的是人類大腦管理這種複雜性的能力，也就是人類會「犯錯」。這些開發人員不只會在程式中留下後門，也會留下過時的舊功能、元件測試、分析追蹤器或用到其他人的程式。

當其他程式發現安全漏洞時，這些程式並不一定都會被更新。過度允許安裝的網路應用程式安裝腳本，在系統過載時強制重開機所觸發的腳本，或者在安裝後用戶無法更新權限時，維持開啟狀態的腳本等。再加

上用戶的錯誤，例如容易破解的密碼、重複使用的密碼、不必要的使用管理員權限執行錯誤的應用程式，以及在不知情的情況下安裝和使用要求更多系統訪問權限的應用程式等，等於透過自己這些糟糕的安全設置，打開大門來迎接駭客。

正如像大衛·萊特曼（David Lightman）這位電影裡虛構的駭客，用了HumInt 法和傳統研究法來降低計算問題的複雜性一樣，現實生活裡的駭客如 Fancy Bear 組織，同樣也利用了人類的智慧，並且利用人為錯誤，作為他們的入口。

2016 年 Fancy Bear 的首選武器是電子郵件。具體而言，這種詐騙電子郵件稱為「魚叉式網路釣魚（spearphishing）」。你可能已經了解比較常見的一般網路釣魚 —— 通常是一封寫得不算好的電子郵件説「你的電子郵件信箱已滿」或「你的銀行帳戶已凍結」，若要解決問題，你必須點擊電子郵件中的連結，並提供個人詳細的登錄訊息（包括你的用戶名稱和密碼），以便解決問題。

而新的魚叉式網路釣魚就像一般網路釣魚一樣，只是它們並非大量散發電子郵件，希望靠運氣捕獲一些用戶的數據（就像用釣線或漁網捕魚，只是為了捉到一些魚）。魚叉式網路釣魚的攻擊，會針對特定的用戶或用戶群組（就像用魚叉來鎖定特定的魚一樣）。

這些電子郵件看起來並不像是「你的銀行帳戶被凍結了」，而更像是「嘿！ [你的真實姓名]，我是 [你老闆的名字]。我被一個會議困住了，你能不能在午餐時順便幫我做這件事…」。然後一定會附上一個詐騙連結，點擊後便會讓電子郵件的寄件人，得以進入你系統裡的某些部分，或者也可能要你提供某些有用的訊息。有時可能看起來像是一封完美複

製的 Google 安全性通知，發送到你的 Gmail 帳戶，讓你只需依指示點擊按鈕，即可解決 Google 在你的帳戶所檢測到的安全問題。

它們可能想知道你電子郵件帳戶裡的內容、G Suite 帳戶中的公司文件，或是取得你的相機和麥克風使用權限，也有可能是嘗試在你的電腦安裝鍵盤記錄器，以便收集每次按鍵的內容，包括用戶名稱、密碼、URL，以及你寫下的訊息內容。這些方法都可以讓他們竊取你的某些資料，例如同事和客戶的電子郵件地址、內部報告、財務文件等。甚至是醜聞，可以在曝光給大眾後，危害到你或公司的種種訊息。

2016 年 3 月 10 日，局勢明朗，希拉蕊・柯林頓顯然將成為民主黨提名的總統候選人，她的競選團隊開始受到來自 Fancy Bear 組織的魚叉式電子郵件攻擊。3 月 19 日，GRU 駭客開始瞄準其競選主席約翰・波德斯塔（John Podesta）的個人 Gmail 帳號。這項對競選活動單位的攻擊發生在 3 月和 4 月間，但也擴展到與競選活動相關的其他團體，如柯林頓基金會（Clinton Foundation）、美國進步中心（Center for American Progress），ShareBlue（屬於民主黨相關政治團體聯盟）等。

該項行動取得了成果。波德斯塔底下的一名工作人員，在 3 月 19 日發送給他個人 Gmail 帳戶的假 Google 安全警示電子郵件中，點擊了信件裡的連結，並輸入了他的用戶名稱和密碼，而且還輸入了兩次。於是在 4 月下旬，川普的顧問喬治・帕帕多普洛斯便得知，俄羅斯已經從「成千上萬的電子郵件」中，獲得了可以中傷希拉蕊的「爆料醜聞」（kompromat）[27]。

---

27 Raphael Satter，「Inside story: How Russians hacked the Democrats' emails（內幕：俄羅斯人如何入侵民主黨人的電子郵件）」。

大約在同一時間，Fancy Bear 還瞄準了民主黨全國委員會。但這次魚叉式釣魚嘗試不只針對電子郵件信箱。這些郵件的詐騙連結裡，還包括可以在點擊時直接在電腦上安裝惡意軟體的能力。下載到 DNC（民主黨全國委員會）電腦上的惡意軟體，可以讓 GRU 直接造訪這些電腦和 DNC 伺服器上的所有資料[28]。

俄羅斯不光只是從這些釣魚攻擊裡獲得爆料醜聞而已，2016 年 4 月，美國情報機構認為與俄羅斯有緊密關聯的兩個網站 electionleaks.com 和 dcleaks.com（網站名稱類似選戰爆料），也已經註冊上線。6 月時，dcleaks.com 和「hacker」Guccifer 2.0 部落格（也被美國情報單位認為是 GRU 行動），開始發佈從民主黨竊取獲得的爆料醜聞，包括有關 DNC 領導者如何操控訊息，以保護希拉蕊避免來自同黨伯尼・桑德斯在黨提名方面的挑戰。

比起其他事件來說，這點除了導致桑德斯支持者對 DNC 的訴訟，可能還有一些來自左翼分子的抗議選票（無論選票是否投票給像 Jill Stein 這樣的第三方候選人），都在這場選舉中破壞了希拉蕊・柯林頓的選情[29]。

同樣在 2016 年 6 月，朱利安・亞桑傑（Julian Assange）宣布維基解密（WikiLeaks）已經獲得了希拉蕊・柯林頓的醜聞事件（亞桑傑否認這些資料來自俄羅斯）。7 月時，維基解密開始發佈這件爆料，策略

---

[28] Sheera Frenkel，「Meet Fancy Bear, The Russian Group Hacking The U.S. Election（為您介紹入侵美國大選的俄羅斯組織 Fancy Bear）」。

[29] Raphael Satter，「Inside story: How Russians hacked the Democrats' emails（內幕：俄羅斯人如何入侵民主黨人的電子郵件）」。

性的安排在剩下的選舉過程中，釋出這些訊息，亦即在 2016 年 10 月 7 日，發佈了 Podesta 的電子郵件。剛好也就是在川普「前進好萊塢」的貶低女性對話錄音（Trump compromising Access Hollywood Tape）事件被爆料的同一天（緊接在川普的爆料醜聞之後）[30]。

雖然我們永遠不會知道這場選舉受 GRU 操作影響的全部程度，但我們可以歸納這些來自 Fancy Bear 發佈、從希拉蕊．柯林頓競選團隊和 DNC 所獲得的爆料醜聞，而產生的影響。

首先，有關 DNC 阻礙桑德斯贏得提名機會方式的揭露，讓許多左傾選民產生厭惡，並可能因而壓低原先打算投給希拉蕊的選票，這些票也可能來自那些更左派的人（在初選和預選中支持桑德斯）和中間選民（儘管厭惡川普，但可能已經失去了對希拉蕊的投票意願）。親吉爾．史坦（Jill-Stein、綠黨候選人）以及由俄羅斯網際網路研究機構 IRA（後面很快就會解釋）提出的「never Clinton（永不投希拉蕊．柯林頓）」口號，也會加劇這種情況。

Podesta 電子郵件中包含的其他細節，可能會壓低投票率，或者至少會澆熄熱情，尤其是讓那些偏左或偏中的潛在支持者感到失望。正如 Jeff Stein 為 Vox 媒體網站所寫：

到目前為止，Podesta 的所有電子郵件，都沒有任何有關她成為下一任總統的真正破壞性醜聞。相反的，這些電子郵件主要喚醒了我們已經知道的多次希拉蕊爭議的醜陋性：例如柯林頓基金會與其贊助者之間存在

---

[30] 同前。

的可疑關係，柯林頓對華爾街的強大興趣，以及她與有錢競選贊助者的聯繫等 [31]。

柯林頓基金會的爭議，更特別破壞了希拉蕊在討厭川普的中間派選民的潛在支持。這些人有許多可能過去曾經投票支持過共和黨人，但是對共和黨現在的候選人表示不滿。不過圍繞希拉蕊的貪腐論述，以及共和黨人對「柯林頓」名字的偏見，更可能使得一些溫和派與沮喪的共和黨人，難以在 2016 年投票給民主黨人。跟華爾街和富商贊助者的曖昧關係，也會損害希拉蕊得到前桑德斯支持者選票的可能機會，這些人一度呼籲希拉蕊，發佈她過去曾向銀行家和其他美國富商發表的私人演講內容。雖然其中有些內容很離奇或令人尷尬，但另一些內容更會削弱希拉蕊在其競選政策平台左翼（左派選民），所能獲得的支持。

我還認為長達數月都在對「希拉蕊電子郵件」死纏爛打後，才導致 FBI 局長詹姆士·柯米（James Comey）於 2016 年 10 月 28 日的宣布所帶來的衝擊，因為 FBI 正在重新調查希拉蕊在擔任國務卿期間，使用私人電子郵件伺服器處理公事的情況。

該調查之所以重新展開，是因為有證據顯示調查期間的前國會議員安東尼·韋納（Anthony Weiner），其分居的妻子胡馬·阿貝丁（Huma

---

31 Jeff Stein，「What 20,000 pages of hacked WikiLeaks emails teach us about Hillary Clinton（維基解密揭露的兩萬封電子郵件，告訴了我們希拉蕊的哪些事？）」Vox，2016.10.20，www.vox.com/policy-and-politics/2016/10/20/13308108/wikileaks-podesta-hillary-clinton。

Abedin）就是希拉蕊的特別助理 [32]。柯米正在調查希拉蕊的私人電子郵件伺服器是否包含國家機密訊息，而非調查俄羅斯或維基解密發佈的電子郵件內容。但快速轉移的新聞週期，一再重複且模糊的談到「希拉蕊的電子郵件」，這可能意味著那些新聞故事，相互強化了彼此對選民的影響。

也許最重要的是，GRU 發佈的希拉蕊和 DNC 爆料內容，代表著俄羅斯必須能夠佔據總統選舉裡最重要的議題討論。記者在報導時，都在仔細研究洩露的內容，以便找出獨家新聞。這些記者在討論裡對這些文件的內容，提出質疑。候選人也在整個競選過程中，都必須面對來自記者和選民詢問關於這些洩漏文件內的問題，也就是關於這個俄羅斯爆料醜聞裡的每一個問題。

無論如何合理完善的回答這些問題，都不會帶出候選人在競選期間的政策平台，所準備回答的各種問題。因此花在追逐電子郵件安全問題的時間，以及為這些問題準備答案的時間，完全不是一般競選時，那種花時間建構並保護候選人政策平台的時間。

為了加重影響範圍，俄羅斯駭客事先決定了美國選民會將自己的「有限注意力」集中的問題，讓該問題在 11 月 8 日能主導選民如何投票。我和我的同事將這種操縱公共訊息的方式稱為「武器化的真相（weaponized truth）」。

---

[32] Adam Goldman 與 Alan Rappeport，「Emails in Anthony Weiner Inquiry Jolt Hillary Clinton's Campaign（Anthony Weiner 的電子郵件查詢撼動希拉蕊的選情）」，The New York Times，2016.10.28，www.nytimes.com/2016/10/29/us/politics/fbi-hillary-clinton-email.html。

Fancy Bear 組織拋出的資料內容，從安全研究人員的觀點來看是真實的 —— 它們並不是「假新聞（fake news）」。但它們的目的是操縱公共論述和個人行為。無論如何，我們都把它們稱為「假訊息（disinformation）」（我這樣定義是因為不誠實的操縱，是整個俄羅斯行動的核心），而且肯定是「訊息大戰（information warfare）」的一部分，而且由於它以「事實」為基礎，因而非常有效。

▶ 拉赫塔計畫

當然俄羅斯不只是藉由發佈被駭客入侵和洩露的文件，來操縱美國公共論述。他們的網際網路研究機構（IRA、Internet Research Agency），也透過了專門的社群媒體操縱活動，對美國進行訊息大戰。

IRA 廣泛運作的細節，可參考美國司法部在 2018 年，針對俄羅斯主要的個人和有限公司所發佈的起訴書，以及為美國參議院情報特別委員會（SSCI）所準備，並於 2018 年 12 月發佈的兩份報告裡，詳細分析了 Twitter、Facebook（包含 Instagram）和 Google（YouTube），提供給 SSCI 的資料 [33]。

這些文件裡所描繪的真相（可能仍然不夠完整）是指俄羅斯大規模的透過「武器化的真相」、「部分真相」、「徹底謊言」和「壓抑選票」等各種相應議題相互結合，完全由專家來操縱大眾注意力的行動。其目的是讓

---

[33] 完全披露：我與他人合著的其中一份報告。

唐納・川普選上美國總統，並詆毀希拉蕊・柯林頓的總統選情以及整個美國的民主選舉過程。

此外，在選舉之後，IRA 繼續試圖操縱和破壞美國社會的穩定，甚至在 Instagram 等平台上，加強針對某些美國社群的活動。雖然目前獲得的資料顯示，政府和平台展開的反制活動，嚴重妨礙了 IRA 進行基於社群媒體的訊息戰能力，但很明顯的，俄羅斯方面仍試圖操縱公眾輿論，並將目標鎖定在美國的線上媒體來詆毀那些批評者。

俄羅斯的影響力行動可以追溯到更早之前，即使目的在操縱 2016 年美國大選的這場著名行動裡，我們也可追溯根源到 2014 年 4 月，也就是 IRA「翻譯項目」的成立。這個計畫的目的在研究美國的社會和政治團體線上平台，包括 YouTube、Facebook、Instagram 和 Twitter。

2014 年 5 月時，俄羅斯內部稱為「Project Lakhta（拉赫塔計畫）」的這項行動，其策略宗旨為：「散佈對候選人和整個政治體系的不信任」[34]，具體而言，目的便是要干預 2016 年的美國大選[35]。到了 2014 年 6 月，IRA 工作人員已經在美國進行實際的情報收集（隨後於 2014 年 11 月開始行動）[36]。截至 2016 年 9 月為止，拉赫塔項目的每月預算竟然高達 125 萬美元[37]。

---

[34] 官方調查報告，United States of America v. Internet Research Agency, LLC, et al.，www.justice.gov/opa/press-release/file/1035562/download。

[35] 同前，第 12 頁。

[36] 同前，第 13 頁。

[37] 同前，第 7 頁。

根據對 IRA 的起訴書內容所述：

被告及其同謀透過詐騙和虛假手段創建了數百個社群媒體帳戶，並利用它們將某些虛構的美國人物角色，發展成為美國的「公共輿論領袖」。

組織裡的工作人員被稱為「專家」，其任務是創建看起來像是由真的美國人所使用的社群媒體帳戶。這些專家分為日班和夜班，並接受指示按照美國相對應的「時區」進行活動。該組織還分發了「美國假期」清單，以便專家們可以在這些帳號建立和發佈適當的對應活動。組織還會指示專家撰寫與美國密切相關的話題，例如美國的外交政策和美國的經濟問題。這些專家還被指示要「透過支持激進團體、不滿社會和經濟狀況的用戶，以及反社會運動等，來創造話題的政治強度」[38]。

其中包括圍繞著「移民、Black Lives Matter（重視黑人生命）和警察暴行、Blue Lives Matter（重視執法人員生命）問題、宗教和地區分離運動…」等主題來傳播訊息。這些主題透過 IRA 提供給「專家」的內部文件引導，以作為內容的基礎教戰手冊。2016 年 9 月時，甚至有一份內部備忘錄強調著「必須在 11 月大選之前，加強對希拉蕊·柯林頓的批評」[39]。

---

38 同前，第 14 頁。

39 同前，第 17 頁。

這些由司法部在針對 IRA 重要官員和空殼公司的起訴書裡，在首次公開的內部文件中已經可以看出，這些文件內容充其量只是為觀察他們針對美國人的實際行動，打開了一個小窗口而已。為真正了解這些專家們到底做了什麼，以及這些內容的傳播途徑，參議院情報特別委員會，委託了兩個小組針對由 Twitter、Facebook 和 Google 提供給參議院的私密資料，分析並報告他們的調查結果。我和我的幾位同事也有幸為其中一份報告做出貢獻。

雖然這些資料組合都缺少關鍵的原始數據（我相信一定有 IRA 和其他俄羅斯機構，關於美國指導宣傳更進一步的其他案例），但仍然可以從中看出大量的專業操作，遠遠超過那些平台主管撇清責任的初步説法。我們無法「量化」這場行動可能改變了多少票數，或至少影響了多少選民，但不可否認這一行動與 Fancy Bear 的工作相互結合，確實是改變這場選舉基調的重要因素，不但在公共議題裡佔據了中心位置，也圍繞著選舉進行了大量媒體報導。這一切肯定會影響某部分的選票，並且會讓選民因此對 2016 年大選的合法性產生懷疑，選民可能也會擔心前一次和下次的選舉是否還有從來自國外的影響。

在官方調查中，這些操作到底如何進行？有多普遍呢？

首先，IRA 為影響 2016 年美國大選的行動，全面性的襲擊了每個主要媒體平台，甚至包括一些小平台。除了 Facebook、Instagram、Twitter 和 YouTube 之外，IRA 的運作證據也已經出現在 Google Plus、Vine、Gab、Meetup、VKontakte、LiveJournal、Reddit、Tumblr、

Pinterest、Medium，甚至 Pokémon Go 上 [40]。更不用説分佈在整個網際網路上，IRA（以及俄羅斯政府的其他分支機構或承包商）所擁有的網站、部落格和親克里姆林宮「智囊團」期刊等。這個 IRA 網路上相關資產的綿密網路，「像一個複雜的行銷機構般的運作」。會有幾十位真人發佈、分享、轉發和評論彼此的迷因、部落格和推文。正如我和同事在我們的 SSCI 報告中所寫，他們在 Facebook 所下的廣告經費，遠遠超過 Facebook 主管最初回應的只有 10 萬美元而已。

在更廣泛、更有機驅動的影響力運作裡，廣告活動的做法其實只佔一小部分 [41]。拉赫塔計畫的總預算超過 2500 萬美元 [42]，除了一小部分經費用於廣告以外，大部分經費都用來支付員工創建的有機內容：推文、貼文、迷因、影片、事件等，這些內容都來自由 IRA「專家」精心建立的假用戶、假社群團體、看起來非常真實的帳號與網頁所發出。

總體而言，選舉前和選舉後的 IRA 內容，估計在 Facebook 上約觸及 1.26 億美國人、在 Instagram 上約觸及 2000 萬人，Twitter 上則觸及 140 萬人，這絕非一項小小的操作而已。

拉赫塔計畫

---

[40] Renee DiResta, Kris Shaffer, Becky Ruppel, David Sullivan, Robert Matney, Ryan Fox, Jonathan Albright, 與 Ben Johnson，「The Tactics and Tropes of the Internet Research Agency（網路研究機構的策略與手段）」，New Knowledge，2018.12.17，https://disinformationreport.blob.core.windows.net/disinformation-report/NewKnowledge-Disinformation-Report-Whitepaper-121718.pdf，第 5 頁。

[41] 同前，第 33 頁。

[42] 同前，第 6 頁。

同樣重要的是請各位注意，從大致情況看，IRA 基本上並未操作「自動帳戶」網路，也就是一般所稱的機器人「殭屍網路」。IRA 員工應該有被要求使用較為人性化的有機 PO 文、評論、分享和按讚的每日配額。所以這些主要都是「人為」運作的帳戶，目的在「把宣傳無縫地滲入看起來像是一般人日常的非政治性思考」[43]。

因此，他們的員工輪班與美國時區一致（參見之前討論過的 DoJ 起訴書），也有鼓勵個人「專家」製作高度參與的內容的賞罰制度[44]。為了更像真正的美國人，IRA「專家」還會玩（＃）加標籤的遊戲規則[45]，並發佈大量非政治內容來加以掩飾。

拉赫塔計畫涉及的不僅是將親川普和反希拉蕊・柯林頓的內容，爆發性的散佈，而且還希望能夠觸及更多觀眾。

事實上，為了增加帳號的可信度，IRA 所發佈與選舉相關的貼文，僅佔 Facebook 內容的 7％，佔 Instagram 內容的 18％、Twitter 內容的 6％ 而已[46]。IRA 採用了相反的做法，創造出我和同事稱之為一場「媒體幻

---

[43] Adrien Chen，「The Agency（代理機構）」，The New York Times Magazine，2015.06.02，www.nytimes.com/2015/06/07/magazine/the-agency.html。

[44] 同前。

[45]「The Tactics and Tropes of the Internet Research Agency（網路研究機構的策略與手段）」，第 13 頁。

[46] 同前，第 76 頁。

象（media mirage）」——假訊息、相互連結、多平台的媒體格局，以欺騙性、操縱性的消息，針對多個不同社群進行傳遞 [47]。

這種「幻象」包含了重要的「非政治內容」，再伴隨一點政治性內容，但通常會集中在當前分裂的社會問題上。這些問題會激發（或激勵）不同社群的成員，而非針對特定的候選人。

這種「幻象」主要針對三個普通社群分類：右傾美國人、左傾美國人和非洲裔美國人，以及其下更多目標明確的子社群，例如支持分離主義的德州人、民主社會主義者、福音派基督徒等。這種操作是針對目標給予真新聞、假新聞、假留言，以及可能最重要的「迷因」爆點。

無論是在網路上或是美國當地，IRA 都已事先針對美國的社群，進行了徹底的研究（而且他們還會不斷的根據用戶參與的統計數據，重新調整餵給各個社群的消息，就像數位行銷公司所進行的客群操作一樣）。

在許多情況下，他們都會針對特定社群，建立針對該社群的專屬消息，當然，這一切是來自克里姆林宮的指示。例如，他們針對右傾美國人提出的論述，會讓這些人活力充沛地出來投票，反對民主黨或溫和派的候選人。這些論述包括關於移民和槍枝權利的恐慌、鼓舞人心的基督教主題故事，以及關於希拉蕊涉及貪腐的警告等。

而在針對左傾美國人的論述，則會使他們垂頭喪氣，讓他們對希拉蕊的支持熱情不上不下，或鼓勵投給第三方；或是抗議投票的論述，指責希拉蕊涉及貪腐；或是 DNC 不民主的初選程序，未給伯尼・桑德斯公平

---

47 同前，第 45 頁。

對待；以及女權主義和交叉敘事，以將希拉蕊塑造成壞到骨子裡的女權主義者。

他們在針對非洲裔美國人方面，提出了更為嚴厲的選民壓制論述，這些議題涉及警方的暴行或兩黨的種族主義策略偏頗，目的在使這些選民厭惡民主選舉的過程。當然最終的目標是鼓勵投給川普，如果無法讓左翼人士投票給川普，便抑制民主黨選民的投票率，或阻止原先想轉向投票給民主黨的選民。他們透過一般的社會和政治論述，而非透過專門針對候選人的文章，來完成這個終極目標。

但請注意，這些論述大多數都是關於不信任和恐懼。而且並非美國人正面的道德概念，便無法符合俄羅斯的目的。事實上，他們還會扮成一些高參與度的愛國帳號，或者是支持基督教的帳號。但總體而言，即使是這種帳號，也都是在創建一個可以在論述的環境中，扮演成內部／外部人員的框架，以便推動他們所運作的恐懼與憤怒。

例如，在許多支持基督教的論述裡，他們會把這場選舉描寫成耶穌與希拉蕊‧柯林頓（惡魔）之間的精神戰鬥 [48]。而對親愛國主義的帳號會把選舉基調定為反移民、反穆斯林、反 LGBTQ，或反「任何可能被解釋為與美國傳統友善價值觀」相關的內容。這種否定性是次要目標的一部分：亦即在美國社會埋下分裂、不信任和社會不和諧的種子。無

---

48 舉例來說，最受歡迎的「耶穌 vs. 希拉蕊」迷因，可參考 Kate Shellnutt，「Russia's Fake Facebook Ads Targeted Christians（俄羅斯在臉書上鎖定基督徒的假廣告）」，Christianity Today，2017.11.03，www.christianitytoday.com/news/2017/november/russia-fake-facebook-election-ads-targeted-christian-voters.html。有些迷因也可在 New Knowledge 給 SSCI 的報告裡看到。

論誰贏得大選，如果美國內部更加分裂，更專注於國內的分裂問題，他們就無暇顧及北約盟國的伙伴，也不會對克里姆林宮的地緣政治目標構成威脅。

這個次要目標，也就是為何以美國為導向的 IRA 業務，在 2016 年 11 月以後並未停止的原因。事實上，即使美國政府和公眾在 2017 年初，開始意識到俄羅斯的影響力運作，並且開始將 Twitter 和 Facebook 上的替身帳號停權後，針對美國觀眾的 IRA Instagram 活動反而增加了。可以肯定的是，在所有主要平台上，都還在繼續運作這類影響。

社群媒體公司提供的數據，清楚說明了他們在 2017 年時，在 Instagram 上的活動均有增加，尤其是針對引發非洲裔美國人的社會恐懼，以及「阻止」反川普的內容持續增加 [49]。

2017 年 IRA 的活動針對的是右傾受眾，主要是散佈反希拉蕊的消息、鞏固對川普的支持，以及關於保守派平台審查的論述（因為俄羅斯操作的帳號陸續被取消）；他們針對左傾的民眾，給予「反選舉人團」的論述目標，以便引起對選舉過程的不滿；針對大眾給予的是「反羅伯特·穆勒（Robert Mueller）」檢察官的論述，試圖抹黑他對俄羅斯干涉選舉的指控，並抹黑俄羅斯與川普競選有潛在勾結的調查過程。

49「The Tactics and Tropes of the Internet Research Agency（網路研究機構的策略與手段）」，第 93 頁。

▶ 現在該怎麼辦？

正如我們在參議院報告中總結內容所述：「在可預見的將來，美國似乎可能會繼續面臨俄羅斯的干涉」[50]。在 2016 年大選後的影響中，許多 IRA 最佳的美國導向資產都已被取消，他們有許多關鍵的領導人和空殼公司都被起訴。如此已經使他們在美國進行高影響力的操作，變得更加困難。不過，尚未到完全不可能的地步。我和我的同事們繼續觀察俄羅斯在社群媒體上的宣傳，包括針對 2018 年美國期中選舉的宣傳內容[51]。目前尚不清楚它們可能在多大程度上達成有效的影響，但它們確實沒有消失。

除了線上宣傳之外，我們也知道克萊爾．麥卡斯基爾（Claire McCaskill、沒有成功）連任美國參議院的競選活動，是駭客攻擊的目標，而且很可能是來自 GRU 的操作[52]。而俄羅斯國營的英語大眾媒體，例如 RT 和 Sputnik，在英語系網路上，也還有數百個與克里姆林宮相關的親克里姆林宮部落格和期刊。同時我們也知道，俄羅斯的地緣政治盟友伊朗，已被確定為線上假訊息行動的來源之一。

---

[50] 同前，第 99 頁。

[51] Jonathon Morgan 與 Ryan Fox，「Russians Meddling in the Midterms? Here's the Data（俄羅斯人在期中選舉插手？資料在這裡）」，New York Times，2018.11.06，www.nytimes.com/2018/11/06/opinion/midterm-elections-russia.html。

[52] Kevin Poulsen and Andrew Desiderio，「Russian Hackers' New Target: a Vulnerable Democratic Senator（俄羅斯駭客的新目標：脆弱的民主黨參議員）」，Daily Beast，2018.07.26，www.thedailybeast.com/russian-hackers-new-target-a-vulnerable-democratic-senator。

但到目前為止，研究人員對俄羅斯的行動進行的審查，並非直接的調查。我們甚至沒有討論到俄羅斯涉嫌參與 2016 年英國脫歐公投，或是針對埃馬紐埃爾·馬克龍（Emmanuel Macron）2017 年，在法國總統大選時發生的駭客入侵行動。

就目前看來，這會是世界的新常態。

▶ 本章總結

本章詳細介紹了整個冷戰舊戰場上，俄羅斯在社群媒體上各種新式的假訊息運作。事先在烏克蘭的諸多媒體平台操作的影響行動，以支持克里米亞和烏克蘭東部的軍事行動。電視和網路上的恐怖核武論述，試圖用來阻止瑞典（和芬蘭）以及可能威脅俄羅斯能源產業的北約朋友之間的合作。還有來自俄羅斯軍事情報局（GRU），以及俄羅斯公司（IRA）試圖在 2016 年，破壞和詆毀美國民主選舉，並介入選舉唐納·川普為美國總統的行動等。

這些行動利用了西方最偉大的一些美德：言論自由、新聞自由、言論開放和技術進步等。但是他們也捕捉了人性的基本弱點：由於人類的「認知限制」，使得我們難以從網路上的虛構論述、種族主義和對陌生「他者」的恐懼中，分清事實。這些弱點與社會演化和立法，總是遠遠落後於技術創新與現實相互結合的新手法，這便意味著我們在面對處理網路假訊息的問題上，可能還要走上很長的一段路。

但這不僅僅是北約國家和前蘇聯加盟共和國的問題，也是一個全球性的問題。因為外國和國內團體，都會試圖利用網路媒體來操縱他人、為自己謀利。在那些不僅技術創新，而且在民主上也是新生的國家裡，線上假訊息對「言論自由」和「訊息自由傳遞」均構成相當大的威脅，然而這兩者對於民主的蓬勃發展來說，至關重要。

這也就是下一章所要探討的主題。

6

被駭的民主
（下篇）

南半球的謠言、機器人和種族滅絕

▼

新 技術並非在本質上好或不好，也不是在本質上中立。當一切涉及到溝通和分享訊息的新方法時，新的技術不可逆轉地改變了社群的社會結構，使新事物成為可能，並使舊的敘事方式無法進入。

當一個社群正處在經歷社會變革或緊張時，新的技術只會變成火上加油。新的訊息獲取方式，雖然可以帶來正面的社會變革，但這些社群媒體工具，卻也可以瞬間轉變成為武器。新技術加上新的社會結構，很明顯的會為社會帶來極大的不穩定和不確定性。這個故事（遠超過前面說過的外國干預），在整個南半球反覆上演著。

▶ 一場數位革命

技術改變了我們保存和傳播思想與故事的能力、我們聯繫和交談的方式、我們可以與之互動的人，以及我們可以看到的事物、監督聯繫方式的權力結構等[1]。

來自 Zeynep Tufekci 的這段話，構成了她對數位平台如「社群媒體」的思考，它們到底是如何的跟我們生活、工作的社會與政治結構之間「轉變與互動」的討論。以這種方式來思考：在汽車發明之前，許多西方社群規模較小，我們的生活距離我們工作的地方、喜歡去的地方、孩子接受教育的地方，甚至我們所需食物的種植地點都很近。

現在有了汽車、卡車、公共汽車、火車和飛機，大家便不需要住得那麼靠近。在某些情況下，人們的生活也變得更加疏離；而在其他的情況裡，人們可能仍然生活和工作在一起，但支持這些社會所需的農場則距離很遠。例如我的父母和祖父母長大以後，仍然住在同一個小鎮；我的父母也都和他們的父母一樣去了同一所高中，就在隔壁鎮上的高中。所以當我唸高中時（在隔壁小鎮），我等於追隨著父母和祖父母的軌跡，進了同一所學校。

---

1 Zeynep Tufekci，《Twitter and Tear Gas: The Power and Fragility of Networked Protest》（Twitter 和催淚瓦斯：網絡抗議的力量和脆弱性），New Haven: Yale University Press，2017，第 5 頁。

但是當我上大學時，離開了這個州。而這個來自中西部的男孩，遇上了一位來自新英格蘭的女孩，而且目前我們已經在美國的許多地方生活過一樣，我們的子女甚至不是在同一個州出生。

正如引入了工業化技術以及隨之而來的基礎設施一樣，逐漸導致了社會結構和人際關係發生重大變化 [2]。數位技術的引入也是如此，只是一切發生的更快。對於像我這樣的人來說，這些變化讓我即使住在千里之外，也可以與家人保持聯繫；也意味著我可以跨越國際藩籬尋找工作機會，也可以在網路上規劃職涯發展；還能讓我在不回到學校（不必繳學費）的情況下，經由學習而轉換行業；而且這也表示我的妻子可以在一個州從事自己的職業生涯，而我卻在另一個州為另一家公司工作。對於我和我的家人來說，「數位革命」絕對會讓你的世界觀產生重大轉變。

但對許多人來說，這場革命並非純數位化。

Tufekci 所說關於「改變社會結構的技術能力」，這段話主要是參考「阿拉伯之春」 —— 北非和中東的抗議浪潮，導致 2011 年某些專制政府被推翻。政府經過多次改革嘗試失敗後，在突尼斯、埃及和其他地方造成改變。革命風潮在 2011 年席捲了阿拉伯世界的大部分地區。2011 年到底有什麼獨特之處？

一場數位革命

2　有關此現象如何在人類歷史上多個階段裡發生的討論，請參考第 1 章。

在阿拉伯之春前，這些國家的人們很容易生活在一種「多元無知
（pluralistic ignorance）」的狀態。因為你根本不知道還有很多人也同意
你的看法，因此會在自己的信仰中感到孤獨。當獨裁政府控制大眾媒體
時，人們通常只敢在少數幾個值得信賴的朋友和家人面前，說出自己的
真實想法，因此很容易有數百萬跟你一樣對現狀不滿的人分散各地。但
數位技術的出現，尤其是社群媒體的出現，改變了這點。正如 Tufekci
寫的：「感謝 Facebook，這也許是歷史上第一次出現，網際網路用戶
可以透過點擊電子邀請函來加入革命」[3]。

這正是 2011 年在埃及所發生的事。

2010 年，據說有一位名叫 Khaled Said 的男子，疑似拍攝到埃及警
方「查到毒品卻就地分贓的畫面」[4]。他在被捕之前大量轉發這段影片，
並於 6 月 6 日在警察拘留期間去世。許多人認為他的死因是因為他揭
露警察的腐敗行為而被警察報復。

7 月 19 日，有位活動人士建立了一個 Facebook 頁面[5]，以引起人們對
Khaled Said 事件的關注。這個頁面被命名為「We Are All Khaled Said

3　同註 1，第 27 頁。

4　Lara Logan，「The Deadly Beating that Sparked Egypt Revolution（引發埃及革命的
致命毆打事件）」，CBS News，2011.02.02，www.cbsnews.com/news/the-deadly-
beating-that-sparked-egypt-revolution/。

5　「We Are All Khaled Said（我們都是 Khaled Said）」Facebook 頁面，www.facebook.
com/elshaheeed.co.uk。

（我們都是 Khaled Said）」，創建該頁面的活動人士表示：「因為你我在任何時刻都可能面臨相同的命運」[6]。

時間快轉到 2011 年 1 月。1 月 25 日是埃及的假日，本來應該是為了表揚警察的節日，但經常會被用來進行反政府抗議活動[7]。「We Are All Khaled Said」頁面發佈了一個邀請，叫大家來開羅的解放廣場（Liberation Square）參與一場抗議活動。這項邀請廣為傳播，最終成千上萬的埃及人，都參加了為期 18 天的抗議活動。

最初，穆巴拉克政府駁斥這種網路上的「點擊主義（clicktivism）」，但就像在突尼斯一樣，過去六個月的線上活動，已經鼓動起人們的努力。而一旦他們參與時，他們的「多元無知」情況就消失了。

在 Facebook 和解放廣場之間，渴望改革的埃及人意識到他們並不孤單，他們齊聲呼籲穆巴拉克下台。而當穆巴拉克意識到他無法忽視這麼多抗議者，也無法安撫，更不能監禁或謀殺所有人，於是他的態度軟化，在抗議開始後的第十八天，向軍方繳出了實權[8]。

數位串連性 —— 尤其是 Facebook，徹底改變了埃及。就像突尼斯的情況一樣，埃及的反政府公民能夠發現彼此、招募到其他成員，並組織了一場打倒政府的集會。但這事情並不是就這樣結束，因為沒辦法立刻舉行選舉，必須先由軍方介入以維持秩序，直到舉行選舉為止。

---

6 同註 4。

7 同註 1，第 23 頁。

8 「Timeline: Egypt's Revolution（埃及革命時間軸）」，Al Jazeera，2011.02.14，www.aljazeera.com/news/middleeast/2011/01/201112515334871490.html。

而當一切暫停時，這些推翻政府的積極分子，並未有效的組織成一個政黨或甚至一個有意義的投票聯盟。於是埃及當地的穆斯林兄弟會（Muslim Brotherhood）組織，便介入了塔利爾抗議所留下的權力真空，贏得了 2012 年的選舉 [9]，並試圖快速的將埃及推向更接近伊斯蘭的政府。

這點遭到許多當時參加了 1 月 25 日的革命抗議活動的埃及人反對，最後導致了政變 [10] 和提前選舉，也使得現任埃及總統埃爾西西（el-Sisi）掌權 [11]。

1 月 25 日革命之後的混亂情況，讓某件事變得更為清楚：「數位串連性」並非一種無法避免的民主力量。雖然它可以改變社會結構，但它未必能帶來公平參與、對等代表和透明治理。它也並未以相同方式改變每個社會。

---

9 Abdel-Rahman Hussein 與 Julian Borger，「Muslim Brotherhood's Mohamed Morsi declared president of Egypt（穆斯林兄弟會的穆罕默德·莫西宣布擔任埃及總統）」，The Guardian，2012.06.24，www.theguardian.com/world/2012/jun/24/muslim-brotherhood-egypt-president-mohamed-morsi。

10 David D. Kirkpatrick，「Army Ousts Egypt's President; Morsi Is Taken Into Military Custody（陸軍驅逐埃及總統；莫西被軍事拘留）」，The New York Times，2013.07.03，www.nytimes.com/2013/07/04/world/middleeast/egypt.html。

11 「Egypt election: Sisi secures landslide win（埃及大選：Sisi 贏得壓倒性勝利）」，BBC News，2014.05.29，www.bbc.com/news/world-middle-east-27614776。

就多數阿拉伯之春國家而言，數位串連性和社交網路是一種加速的因素。它讓現有的不滿浮上檯面，並把潛在的革命者聚集在一起，而且不受現有政府領導人的阻礙，因為他們不了解其威力，會快速的顛覆掉社會結構，甚至連這些革命活動人士也無法跟上變化。Facebook 的「無摩擦設計」[12]，讓革命變得如此簡單，以致於沒有人放慢速度，也沒人來得及做組織社群、政黨建設和未來規劃的必要工作。

這是我們在世界各地都看到反覆出現的一種模式，但或許在南半球更為明顯。無論是埃及、巴西或緬甸，年輕的民主國家和新技術都是相當不穩定的組合。把某個經歷社會動盪和政治或種族衝突的人，跟言論自由和智慧型手機擺在一起，其結果難以預測。即使每個人都是以良好的意圖行事也一樣難料，一旦它們不是善意的話，結果便可能是災難性的。

歸根究柢的說，即使外國陰謀人士並未參與，社群媒體和數位串連性也是好壞難料的。新技術本身並沒有好壞，也不具備內在的中立性。每種技術都有一定的可承受性和某些程度的限制，雖然它們可能不帶價值判斷，但它們確實會傾向於產生某種社會影響。當一個社會已經經歷了衝突或動盪時，由技術所產生的影響往往變得更加激烈，也更難預測。對許多正在歷經社會變動的狀態，卻也大約在同時快速接受新技術的國家而言，無論好壞（或兩者皆帶有一點的情況），這種新技術都將永遠改變這些社會。

一場數位革命

---

12 Kevin Roose，「Is Tech Too Easy to Use?（技術是否太容易使用？）」，The Shift，The New York Times，2018.12.12，www.nytimes.com/2018/12/12/technology/tech-friction-frictionless.html。

▶ 巴西機器人

巴西的政治格局是令人擔憂、破碎且不穩定的。因為這是一個年輕的民主國家，剛在 1985 年從獨裁統治結束裡誕生。截至 2014 年，共有 28 個政黨在巴西的兩個國會會議室中有該黨的代表，每次選舉後的政府治理，幾乎完全要靠聯盟的方式產生。

這種聯盟會導致不穩定，甚至是災難性的聯盟，例如，2014 年迪爾瑪‧羅賽芙（Dilma Rousseff）再次擔任總統職位的聯盟。她在作為 2010 年聯盟建立治理的安排中，任命另一黨成員米歇爾‧泰梅爾（Michel Temer）作為她的副總統競選夥伴。然而，當她在 2014 年連任後，在立刻舉行的總統彈劾裡，泰梅爾竟然加入了反對派。而當羅塞芙真的在 2016 年被免職時，泰梅爾成為了新總統。雖然當然會有真正的巴西人民，提出關於羅賽芙總統職位的真正問題，但事實上「社群媒體機器人」，似乎在動搖公眾情緒和促成最終成功的彈劾要求方面，發揮了重大作用。

社群媒體上瘋傳的假訊息，便是巴西政治的常態。巴西法律規定在社群媒體上付錢宣傳政治活動訊息是違法的，同時還規定所有社群媒體的活動，必須由「自然人」來控制，也就是説，不能透過自動化來傳播 [13]。

---

[13] Dan Arnaudo，「Brazil: Political Bot Intervention During Pivotal Events（巴西：關鍵事件期間的政治機器人干預）」，Computational Propaganda, ed. Samuel Woolley and Philip N. Howard，Oxford: Oxford University Press，2018，第 136 頁。

然而，由於這些法律難以實施，因此自動化機器人和網路謠言，便是巴西自總統選舉到地方選舉裡，大部分政治運動的主要組成。

就羅賽芙的案例來看，她在 2014 年的競選活動以及競爭對手阿希歐‧內菲斯（Aécio Neves）的競選活動，似乎都用上了社群媒體機器人來傳播競選訊息，而且候選人還會用來相互污衊對方。

根據研究員 Dan Arnaudo 的說法，內菲斯在總統競選活動裡，比羅賽芙更廣泛的使用了社群機器人[14]。而當羅賽芙贏得選舉後，大多數在網路上反羅賽芙的機器人帳號，幾乎都立刻加入了彈劾羅賽芙的活動。用 Arnaudo 的話來說就是：「網路上的選舉活動從未結束，這些社群網路成為支持彈劾總統的關鍵工具」[15]。雪上加霜的是羅賽芙的社群媒體設備，現在已經屬於政府當局了，這意味著以後會有更嚴格的限制和監督，讓彈劾網路具有明顯的優勢。

機器人可以帶來各式各樣的效果，有時這些影響很小，甚至不具影響力。畢竟，在沒有觀眾的情況下，即使是最活躍和最具煽動性的機器人，也只是把「吶喊」消逝在風中而已。在 2018 年以後的情況尤其如此，因為平台已採取措施來防止（或消除）自動化推播的濫用。例如 Twitter 現在已經更加積極的刪除機器人，並且阻止新帳號出現在搜尋結果中，或將是限制網路流量推向某種「趨勢」的主流議題，直到它們顯示出較為真人的「有機」使用跡象為止。而 Facebook 也已大幅縮減

---

14 同前。

15 同前，第 137 頁。

透過其應用程式 API 接口來完成的工作，以便使自動推播訊息變得更加困難。

然而，在 2014 年當時，社群平台的大門是更為開放的，不論是自動化的貼文、評論、轉發／分享和按讚／收藏等，都很容易在兩個平台上進行大規模管理，因而導致可以「駭入」Facebook 的新聞提要和 Twitter 的即時話題「趨勢」，影響演算法所選擇的內容。事實上，正如 Arnaudo 所說，在 Twitter 上「關於羅賽芙彈劾活動的轉發，最大的消息轉發來源便是由機器人產生的。」**16**

我們無法準確的量化這些自動化機器人以及其他不真實或欺詐性的線上活動，最終對巴西總統選舉和總統彈劾結果的影響程度。然而很明顯的，從最多分享內容的參與程度和持續資助活動的金融投資來看，先別管是否合法，我們都可以清楚看出，這種影響絕非微不足道。

在 Twitter 趨勢、Facebook 新聞推薦和 YouTube 的「接下來播放」自動播放影片方面，都會對用戶看到的內容產生重大影響。而當「操作」輸出成為後續演算法分析的輸入時，即使是很小的直接操作，也會產生複雜的反饋影響（請回想一下第 3 章關於演算法反饋循環的討論）。

---

16 同前，第 140 頁，Éric Tadeu Camacho de Oliveira, Fabricio Olivetti De França, Denise Goya, 與 Claudio Luis de Camargo Penteado，「The Influence of Retweeting Robots during Brazilian Protests（在巴西抗議期間轉推機器人的影響）」，2016 年在夏威夷舉辦的第 49 屆系統科學國際會議（HICSS）報告，Koloa，DOI: 10.1109/HICSS.2016.260。

▶ 在菲律賓被「武器化」的 Facebook

巴西並不是唯一一個在選舉結束之後,社群媒體假訊息設備仍然繼續進行活動的國家。2016 年 5 月,在總統羅德里戈・杜特蒂(Rodrigo Duterte)當選後,菲律賓國民仍然可以看到他在競選活動時,建立出來的強大社群媒體宣傳服務,繼續成為新總統政府的重要組成成分。

杜特蒂在競選初期處於不利地位,在傳統媒體的競選支出方面,資金確實比他的一些競爭對手來得少。然而,他擁有一個強大的社群媒體組織。杜特蒂的團隊被推向網路後,由於「競選資金有限,迫使他們在使用社群媒體空間方面,更具有創造性。」[17]。他們利用了 Facebook 在大選前提供給總統候選人的「培訓課程」所學到的,在一個智慧型手機比人還多的國家裡,而且 97% 的網路用戶都在 Facebook 上[18],掌握 Facebook 是不可或缺的能力。

杜特蒂的社群媒體團隊由加布納達(Nic Gabunada)領導,並由數百名相關志願者所組成。「這是一個分散式的運動:每個小組都創建了自己的內容,但是競選主要論述和關鍵的每日訊息,則是由團隊核心決定

---

17 Chay F. Hofileña,「Fake accounts, manufactured reality on social media(假帳號,在社群媒體上捏造事實)」,Rappler,2018.01.28,www.rappler.com/newsbreak/investigative/148347-fake-accounts-manufactured-reality-social-media。

18 Lauren Etter,「What Happens When the Government Uses Facebook as a Weapon?(當政府把 FB 當成武器怎麼辦?)」,Bloomberg Businessweek,2017.12.07,www.bloomberg.com/news/features/2017-12-07/how-rodrigo-duterte-turned-facebook-into-a-weapon-with-a-little-help-from-facebook。

並分層級執行。」[19]（這也是同年俄羅斯在美國相關操作的類似劇本，我們在前一章介紹過）。值得注意的是，杜特蒂的支持者所提出的內容，不只是政策立場和無害的支持聲明，甚至有許多杜特蒂的支持者呼籲對他的批評者採取暴力行為，因而導致 2016 年 3 月，在網路上對一小群反對杜特蒂的學生進行暴力甚至死亡威脅的事件[20]。

記者瑪麗亞‧雷薩（Maria Ressa，菲律賓一家線上新聞網站 Rappler 的創辦人）稱這是一種「千刀萬剮」式的死亡戰略，用來恐嚇或讓批評者噤聲，利用大量用戶壓制他們想在線上威脅的目標[21]。

在杜特蒂選上總統之後，情況變得更糟糕。Lauren Etter 寫道：「自 2016 年 5 月杜特蒂當選以來，已經把 Facebook 變成一種武器。在 Facebook 上用骯髒手段讓杜特蒂獲勝的那群人，現在登堂入室被帶到了馬拉坎南宮內（Malacañang Palace、菲律賓總統府）[22]。加布納達告訴另一位 Rappler 新聞網記者「（在選舉後）繼續競選任務是必要的，因為杜特蒂得到的只有 40％的選民支持。為了有效執政，他們需要更多的選票。」[23]。

---

[19] Maria A. Ressa，「Propaganda war: Weaponizing the internet（宣傳大戰：把網路當武器）」, Rappler，2016.10.03，www.rappler.com/nation/148007-propaganda-war-weaponizing-internet。

[20] 同前。

[21] 同前。

[22] 同註 18。

[23] 同註 17。

這不僅牽涉到一位總統在 Twitter 的推文，甚至還包括一個機器人團隊在放大他的訊息。然而這些僅只是整個協同媒體戰略下的一部分，目的在鞏固杜特蒂的力量，並使他的對手噤聲，而且無論這些對手是政治家或記者都一樣。

在大選不久後，杜特蒂連續兩個月抵制私人媒體，拒絕與任何獨立記者交談，只肯透過國家控制的媒體來推動宣傳。同時，親杜特蒂份子和 sockpuppets（由真人控制的假帳戶），持續攻擊批評政府的獨立記者。當 Ressa 發表她的文章「宣傳戰爭（Propaganda War）」，並揭露許多這類宣傳活動時，她立即被親杜特蒂份子攻擊，包括死亡威脅和強姦威脅，並要求她立刻離開這個國家。用 Ressa 的話來說，「自從杜特蒂當選以來，只要有人在 Facebook 上批評警方或政府時，網軍立刻就會發動攻擊。」[24]。

而根據 Etter 的說法，這不僅是杜特蒂政府「駭劫」了社群系統，也可說是利用了臉書的「廣告目標」功能。Facebook 不僅在選前為菲律賓總統競選提供使用培訓課程，在選舉之後，Facebook 甚至「開始加深與新政府的合作關係」[25]。這點並不是特例，而是「Facebook 為世界各國政府所做的事情 —— 提供白手套（white-glove）服務，協助當權者發揮平台的最大潛力，並使用最佳的實踐方式」。Etter 還說：

24 同註 19。

25 同註 18。

159

雖然杜特蒂禁止獨立媒體報導他在總統府內的就職典禮，然而新政府卻安排在 Facebook 上直播這項活動，讓世界各地的菲律賓人，可以在總統府內部看到新強人上台典禮前後的各項安排呈現。

儘管 Facebook 官方已經想辦法讓那些困擾杜特蒂的評論家，在網路上被執行「即時暴力威脅」的作法變得更加困難，但是對獨立記者的攻擊，仍然存在於杜特蒂的控制之中。2018 年 11 月時，菲律賓政府宣布要向 Ressa 所屬的媒體機構 Rappler 起訴「逃稅」。拉普勒站方則將這些指控定調為「恐嚇與騷擾」[26]。

這個問題看來還會持續一段時間。

▶ 鞏固緬甸的力量

杜特蒂政府並不是唯一一個將 Facebook 當成武器，用來對抗反政府人民的國家。最近的調查也發現緬甸軍方正在對緬甸少數民族羅興亞人（Rohingya），進行大規模的訊息戰。

緬甸國內的暴力和壓迫並不算什麼新鮮事。這是一個年輕的準民主（quasi-democracy）國家，長期以來一直由專制君主和獨裁者所統治，政治壓迫和國家控制媒體無法信賴的情況，對該國人民來說並不陌

---

26 Alexandra Stevenson，「Philippines Says It Will Charge Veteran Journalist Critical of Duterte（菲律賓當局宣稱將起訴批評杜特蒂的資深記者）」，The New York Times，2018.11.09，www.nytimes.com/2018/11/09/business/duterte-critic-rappler-charges-in-philippines.html。

生。佛教徒和羅興亞人之間也存在著長期的暴力史，這些穆斯林少數民族在 1982 年時，幾乎是在一夜之間失去了公民權 [27]。

多年來，羅興亞人一直承受著政府的法律歧視，以及不同宗教或種族身份同胞的暴力對待。除了在教育、工作和法律地位上，長期存在著宗教歧視之外，緬甸的佛教徒通常會由他們的僧侶領導，舉行經常性的集會，在羅興亞地區發表仇恨言論，這些集會到最後也經常會導致一些羅興亞人的死亡。

暴力的規模和針對羅興亞人的特殊性，導致全球監督機構都將反羅興亞暴力，描述為（企圖）「種族滅絕」的行為 [28]。

緬甸也有長期豐富的宣傳歷史。《連線》（Wired）雜誌的記者 Timothy McLaughlin 寫道：「緬甸幾十年來都依賴國營的報紙進行宣傳」[29]。橫亙整個大眾媒體技術發展史，包括報紙、廣播、電視、網際網路等，緬甸政府均已控制所有主要媒體散佈訊息的發聲管道。因此，對於今天生活在緬甸的人來說，他們在整個生命的大部分時間裡，都只知道「兩個」主要的訊息來源：一個是獨裁統治裡國家所控制的媒體，另一個就是當地的謠言與八卦。根據前美國駐緬甸大使德里克・米切爾（Derek

27 Krishnadev Calamur，「The Misunderstood Roots of Burma's Rohingya Crisis（緬甸羅興亞人危機的誤解根源）」，The Atlantic，2017.09.25，www.theatlantic.com/international/archive/2017/09/rohingyas-burma/540513/。

28 Timothy McLaughlin，「How Facebook's Rise Fueled Chaos and Confusion in Myanmar（Facebook 的崛起如何助長緬甸的動盪與混亂）」，Backchannel, WIRED，2018.07.06，www.wired.com/story/how-facebooks-rise-fueled-chaos-and-confusion-in-myanmar/。

29 同前。

Mitchell）的說法，「緬甸是一個靠謠言統治的國家」[30]。這項評估是由 Facebook 委託進行的「人權影響評估」所分享，這項評估把緬甸描述成一個「充滿謠言的社會」，直到 2013 年左右都是[31]。

在智慧型手機、Facebook 及網際網路進入緬甸之前，一切都是如此的完美運作。然而，數位技術的到來，為緬甸已經醞釀燃燒的社會狀態火上加油。

緬甸在過去十年中發生了兩件重大的變革：網際網路的到來（在緬甸大部分地區基本上就是指 Facebook）以及（某種程度上的）代議民主制度的到來。

雖然先前統治緬甸的軍政府於 2011 年解散，但人們普遍認為緬甸第一次真正公開選舉發生在 2015 年[32]。在 2015 年時，緬甸國內已有某些人可以上網，但這是因為政府對新聞和對線上言論的控制審查，開始顯著減少之後（儘管並非完全消失）才有的情況。而由於數位技術不斷發展，同時言論自由的長期限制正在逐漸解開束縛，緬甸的一般民眾在網際網路的開放訊息環境瀏覽時，普遍缺乏對網路媒體和數位文化的必要了解。而且「對於緬甸 2000 萬瀏覽網際網路的多數公民來說，

---

30 同前。

31 「Human Rights Impact Assessment: Facebook in Myanmar（人權影響評估：緬甸的 Facebook）」，BSR，2018.10，https://fbnewsroomus.files.wordpress.com/2018/11/bsr-facebook-myanmar-hria_final.pdf，第 12 頁。

32 同前，第 11 頁。

Facebook 就等於網際網路」[33]。這種媒體素養的缺乏，在 Facebook 的平台上看起來最為嚴重。

負面影響最早出現在緬甸佛教徒和穆斯林之間的正常關係裡。因為這些群體長期存在的敵意，在發現新的言論自由與擁有能產生顯著影響力的平台後，更讓一切加速惡化。甚至還因此讓一些反羅興亞歧視的討論納入法律中，這種佔多數的佛教徒團體對穆斯林的壓迫，也因數位連通性的提高而加劇。正如布魯金斯學會（Brookings Institution、美國社經智庫）的一篇報導所述：「威權控制和媒體審查的突然倒退，以及網際網路和手機普及率的迅速擴張，為大量的網路仇恨言論和針對羅興亞的仇外民族主義，打開了大門。」[34]。

它所引起的仇恨言論和身體暴力，並非無法預見的問題，即使在社群媒體剛開始進入時也能發現。第一波社群媒體所強化的暴力事件發生在 2014 年，McLaughlin 寫道：「如果沒有 Facebook，這些騷亂就不會發生」[35]。就像阿拉伯之春的起義事件，導致各國獨裁政府陸續垮台一樣，緬甸的社群連通性增加，因而觸動了緊張局勢的臨界門檻，使 2014 年的大規模騷亂有跡可循。

[33] 同前，第 12 頁。

[34] Brandon Paladino and Hunter Marston，「Facebook can't resolve conflicts in Myanmar and Sri Lanka on its own（Facebook 無法自行解決緬甸和斯里蘭卡的衝突）」，Order from Chaos，Brookings，www.brookings.edu/blog/order-from-chaos/2018/06/27/facebook-cant-resolve-conflicts-in-myanmar-and-sri-lanka-on-its-own/。

[35] 同註 28。

McLaughlin 還寫道，Facebook「至少有兩次直接警告」的機會，因為仇恨言論上升的暴力情形，可能會導致 2014 年的大暴動，但由於這家公司把緬甸視為「社群連通性的機會之地」，因此駁回了其平台上仇恨言論不斷上升的説法，等於否定了「真實生活」中可以煽動暴力的能力。甚至在 2013 年時，「人權觀察組織（Human Rights Watch）」也不同意 Facebook 上的仇恨言論會造成重大問題的説法。因為對大多數人來説，主要的「人權」問題，反而是要能增加數位技術的獲取，以及這種獲取所帶來的社會、教育、經濟和政治利益。

當然，實際發生的狀況並非如此。曾經習慣於國營宣傳媒體和當地謠言工廠組合消息的緬甸公民，並沒有立即使用社群媒體來取代國營宣傳管道，以汲取平衡詳盡的新聞報導。相反的，在很大程度上，他們把參與的角色，從自己熟悉的訊息經濟轉移到這個新平台上 —— 換句話説，他們將 Facebook 變成了以前習慣貢獻的當地謠言工廠，所放在網路上的大規模版本。在社會、政治和宗教緊張局勢如此根深蒂固的國家裡，至少現在看起來並不奇怪，因此所造成的結果便是假訊息、錯誤訊息和仇恨言論的增加，也導致現實世界裡的實質傷害。

缺乏數位素養、傾向於散佈和輕信謠言，以及根深蒂固的種族緊張局勢，便成為緬甸軍隊對其本國人民使用「心理戰」的背景。

鼓勵暴力襲擊羅興亞人的謠言和仇恨言論，不僅來自佛教公民，其中更有許多謠言來自緬甸軍方。正如保羅‧莫祖爾（Paul Mozur）為《紐約時報》所報導「在 Facebook 上進行的系統化運動，已經延續了五

年」，其中「緬甸軍事人員⋯將社交網路變成了種族屠殺的工具」[36]。數百名軍事人員在 Facebook 上建立假帳戶，並用它們來監視公民，傳播假訊息，讓政府批評者噤聲，激起競爭對手之間的爭論，並發佈關於羅興亞的「煽動性評論」。

雖然這項軍方操作主要是在 Facebook 上進行，但它是從多方同時行動的。

除了煽動性言論外，緬甸軍方還使用圖像、迷因爆點和點對點訊息，包括 Facebook Messenger 上的數位「連鎖信（chain letters）」。在此操作中比較沒出現的情況也是「自動化」，就像菲律賓的情況一樣，並沒有重要的機器人大量轉傳事件。而是一群名副其實的網路專家，透過數位化的匿名帳號即時進行訊息戰。這點與俄羅斯網際網路研究機構在 2016 年美國大選期間，所採取的影響行動，其「相似性」並非巧合。雖然沒有證據證明俄羅斯當局參與了緬甸軍隊的網路行動，但有證據可以證明緬甸軍官曾經前往俄羅斯學習，並仔細研究他們的訊息戰策略[37]。

軍方在這場心理戰行動（或者說 PsyOp）中的主要目標是羅興亞人。但在 2017 年時，他們有一些行動則是針對雙方，同時向佛教徒和穆斯林傳播假訊息，告訴每個人另一方發起了攻擊。

---

36 Paul Mozur，「A Genocide Incited on Facebook, With Posts From Myanmar's Military（緬甸軍方在 Facebook 發表煽動種族滅絕的貼文）」，The New York Times，2018.10.15，www.nytimes.com/2018/10/15/technology/myanmar-facebook-genocide.html。

37 同前。

根據 Mozur 的說法，「這場行動的目的…是為了讓人民產生普遍的脆弱感和恐懼感，這種感覺只能透過軍方的保護來解決」。這個國家剛起步的新興民主潮流，對最近才開始統治這個國家的軍方構成了威脅。因此軍方利用了人們普遍缺乏數位媒體素養，並且缺乏民主自由表達的經驗，將這種脆弱性轉化為針對自己人民的武器。透過瞄準那些已經成為網路上錯誤訊息和仇恨言論受害者的羅興亞人，緬甸軍方便在現有的緊張態勢裡火上加油，也為二十一世紀最大的人道主義危機之一，做了最重大的影響。

▶ 2018 年拉丁美洲選舉的成功

2018 年夏天是拉丁美洲政治的繁忙時期，哥倫比亞和墨西哥舉行了總統選舉、偽裝成委內瑞拉選舉的政治鬧劇，以及尼加拉瓜發生的反政府抗議活動所引發的重大動亂等。讓我整個夏天主要都關注在哥倫比亞和墨西哥選舉的監測和報導，以及更廣泛的研究拉丁美洲的假訊息領域。

我們並未觀察到美國、菲律賓或緬甸發生了新的情況（希望真的如此！），因為社群平台們已經吸取了一些教訓，也開始實施使其變得更難操控的修正（儘管並非完全不可能操控），遏止進行有效的假訊息操作。然而，同樣也出現了一種反趨勢，在這種情況下，我們觀察了許多針對特定候選人和利益集團的小規模操作，而不是那種由一群惡意者發起針對特定候選人、政黨或人群的運動。我們還觀察到一種新的趨勢，可以用來解釋 Twitter 和 Facebook 上的小規模運作，也可能會在不久的將來，對民主國家構成重大威脅：亦即「點對點」消息傳播，就讓我們來解開這些趨勢的運作方式。

首先是社交網路。正如我和同事在我們的選舉報告中所總結：

我們透過關鍵詞搜尋，分析了 Twitter 上廣泛收集的內容，以及 Facebook 上更具選擇性的目標。整體來說，我們發現了 9 個協調網路的證據，這些協調網路「人為放大」了支持或反對墨西哥候選人或政黨的訊息，甚至在哥倫比亞境內也有兩個協調網路。雖然在哥倫比亞的協調訊息業務量明顯較低，但其中一項業務操作是國際性的，旨在激發哥倫比亞、墨西哥、尼加拉瓜、委內瑞拉和加泰隆尼亞的反政府情緒和行動。雖然其中有些網路難以溯源，但我們可以追溯到負責人，其中至少有兩個顯示出外國介入的跡象 [38]。

這些網路多數都是自動化網路，並不複雜，因此據我們所知影響不大。事實上，其中一個大約僅上線了 48 小時而已，這點可以顯示出社群平台在檢測和刪除殭屍網路方面，取得了不錯的進展。這個網路是我們在 Facebook 所追蹤，由個人控制的一個 38 個 Twitter 帳戶組成的網路，每天會發佈數百則消息，這些消息均來自一個很小的文章資料庫，可供任意選擇，然後在網路上產生數百篇相同的貼文。

當然這些消息總是與最終獲得第二名的總統候選人里卡爾多・阿納亞（Ricardo Anaya）立場相對，或是直接支持不被看好的候選人海梅・羅德里格斯・卡爾德隆（Jaime Rodríguez Calderón），綽號「El Bronco」，我們稱這個殭屍網路為 Bronco 機器人。

38「2018 Post-Election Report: Mexico and Colombia（2018 年大選後報告：墨西哥和哥倫比亞）」，New Knowledge，2018.12.01，www.newknowledge.com/documents/LatinAmericaElectionReport.pdf。

Bronco 機器人運作期非常短暫，因為我們幾乎在一發現就立刻將它們報告給 Twitter，在我們報告的幾小時內 —— 也就是 Bronco 機器人上線兩天後，這些帳號就被暫停活動了。我們的報告通常可能會也可能不會導致帳號停權。事實上，自 2016 年以來，Twitter 在識別大規模自動化和中止帳戶活動方面，已經變得越來越好，不太需要依賴於用戶或研究人員的任何報告檢舉，這顯然是一件好事。但我們發現了幾個類似於 Bronco 機器人的網路，支持了各式各樣的候選人，其中只有一些（如果可以的話）在選舉前被平台真的將帳號停權。

同樣值得注意的是，在一個即時展開的事件中，例如 2017 年 8 月的「Unite the Right（團結權利）」集會活動，或是 2017 年 4 月在敘利亞的化學武器襲擊時，機器人網路或假帳戶網路，確實可以在不到 48 小時的時間內，造成重大的傷害，特別是在利用真實的人，或是由真人控制的非自動假帳戶所推動放大的（假）議題上。例如，我們在 Twitter 上發現了另一個反 Anaya 網路，使用自動化來放大一則 YouTube 影片，煽動關於 Anaya 涉嫌貪腐的一則已經被破解的謠言。透過特別針對最後一次總統辯論當晚和之後一天才行動，他們便能進行操作而不必擔心帳戶被暫停所干擾，直到選民注意力已被有意識的減少為止。

一個更加陰險、為期更久的殭屍網路，也逐漸引發反政府情緒，甚至在拉丁美洲和其他地方，遠端進行暴力的煽動。在這個網路中的帳戶，通常是在運作開始幾天前或幾週前建立，主要向委內瑞拉、哥倫比亞和尼加拉瓜的目標受眾推送反政府訊息，並且連結到 YouTube 上的特定影片，以及新創建的兩個網站上。

這些帳號的個人資料都是某個主題的各種變體，帳號文件裡所寫的位置似乎是假的（在某些情況裡，他們所寫的地址城鄉組合根本不存在）。雖然這些帳號上面所寫的在不同的國家／地區，都像真的是不同的個人，但發佈到這些帳戶的內容則都是相同的，並且始終是節奏快速和高質量的論述。

除了委內瑞拉和尼加拉瓜的反政府訊息外，這些帳號還積極嘗試將哥倫比亞總統候選人古斯塔沃‧佩特羅與哥倫比亞革命武裝力量恐怖組織（FARC）相互關聯在一起。FARC 和哥倫比亞政府直到 2016 年簽署了一項不受歡迎的和平協議為止，一直都處在戰爭狀態。佩特羅對和平協議的支持，加上他的左翼政治，使他對這個殭屍網路所針對的共產主義者或恐怖分子的特性，維持了開放的態度（佩特羅最後在選舉時輸給了伊萬‧杜克‧馬奎斯、Iván Duque，一位右翼民粹主義者，而且非常不認同哥倫比亞與 FARC 的和平協議）。

雖然這個殭屍網路中的大多數文章都是西班牙語，但也會不時出現一些英文推文，其中包括連結技術教學網站以及專注於美國敏感社會問題的網站。

偶爾也會出現 Twitter 的自動化和分析工具（真尷尬啊）。

很明顯的，拉丁美洲這個特定殭屍網路背後的個人或團體，正在採取措施以掩飾他們的所在位置。還有跡象表明他們可能不是來自拉丁美洲，例如意外發佈的英語內容以及將同一種語言的目標受眾集合在一起發佈，而且是發給生活在不同的國家甚至不同大陸的用戶，其中甚至包含了定位地點在加泰隆尼亞的貼文用戶。這可能確實是一次來自外國的影

響行動，但不幸的是（或者幸運的是？）在我們做出高度信心的起源評估之前，這條網路被 Twitter 發現而停止帳號活動了。

然而，拉丁美洲最大的威脅不是 Twitter，也不是 Facebook、Instagram 或 YouTube。而是來自點對點訊息，主要便是在 Facebook 所擁有的平台 WhatsApp 上。

WhatsApp 是一種訊息服務，支持透過加密數據連接進行文字、語音和視訊聯絡與檔案共享。對某些人而言，WhatsApp 與 Facebook 或 Twitter 相比，代表了跟朋友或家人的聯繫可以不必用公開的方式（而且監管也較少）。而對其他人來說，WhatsApp 可以透過 wifi 或網路連結來提供語音、視訊和文字傳輸，因而節省了每月的電話費用。無論是哪一種原因，WhatsApp 在世界上的某些地區，尤其是西班牙語世界，越來越受到歡迎。

在許多 Facebook 使用率正下降的地方，Twitter 可能從未真正引起轟動，但 WhatsApp 則充滿了數位社群和訊息共享。例如，根據哈佛大學的尼曼實驗室所稱，WhatsApp 是墨西哥最受歡迎的社群平台[39]。

WhatsApp 和其他私人訊息應用程式（如 Signal、Facebook Messenger、Line、Slack，甚至是老式的簡訊和電子郵件），都對假訊息研究人員和社群媒體的事實檢查員（fact checker），形成重大挑戰。由於許多

---

[39] Laura Hazard Owen，「WhatsApp is a black box for fake news. Verificado 2018 is making real progress fixing that（WhatsApp 是假新聞的黑盒子，Verificado 2018 在解決這方面的問題取得實質進展。）」，Nieman Lab，2018.06.01，www.niemanlab.org/2018/06/whatsapp-is-a-black-box-for-fake-news-verificado-2018-is-making-real-progress-fixing-that/。

使用這類應用程式的人，彼此具有高度的連結性，因此在 WhatsApp 上，真實和虛假的訊息都很容易傳播，甚至成為病毒式傳播。但也由於這些消息是私密且經過加密的，因此並沒有簡單的方法可以查看 WhatsApp 和其社群中的議題走向。

正如我們之前探討過的問題，心理學家和謠言專家 DiFonzo 和 Borgia，確定了四個主要因素，這些因素可以決定某人是否相信他們被觸及到、看到的宣傳論述：

- 該論述同意此人現有的態度（確認偏見）。

- 該論述來自可信來源（在社群媒體上通常是指「分享」這則消息的人是否可靠，而非該消息的實際來源）。

- 該論述一再重複出現（還記得嗎？有助於感知流暢性）。

- 該論述沒有附加反駁的說法或留言 [40]。

打擊像 WhatApp 這樣的私人聊天應用程式的假訊息和錯誤訊息時，最大的障礙可能是我們無法知道那些重複出現的訊息（病毒式傳播），到底來源出自哪裡，或是這些訊息正在接觸哪些受眾（以及這些人本身已經有哪一類的偏見），因此事實檢查員不知道需要糾正的到底是什麼？

40 Prashant Bordia 與 Nicholas DiFonzo，「Rumor Psychology: Social and Organizational Approaches（謠言心理學：社會和組織方法）」，Washington, D.C.: American Psychological Association，2017。

由於存在著這些障礙，因此當我跟拉丁美洲的研究人員和政策制定者討論時，他們最大的恐懼仍然是「點對點」式的消息傳播。而當反對媒體監控文章言論越見白熱化後，在 Facebook、Instagram 和 Twitter 仍然占主導地位的國家裡，他們的研究人員和政策制定者便越來越擔心 **41**。

但希望尚未完全消失。2018 年墨西哥大選期間提出的一項倡議（公民提案），證明我們有可能揭露與反駁在 WhatsApp 等私人通訊軟體中散佈的謠言和錯誤訊息，該項倡議被稱為 Verificado 2018（2018 查證倡議）。

Verificado 2018 倡議由 Animal Político、Al Jazeera 和 Pop-Up Newsroom 三者共同合作，並配合 Facebook 新聞計畫（Facebook Journalism Project）和 Google 新聞計畫（Google News Initiative）的支持。他們的目標是揭穿與選舉相關的假消息，並以與用戶如何傳播這些消息的相關平台方式進行。由於 WhatsApp 在墨西哥社群媒體領域佔主導地位，因此 Verificado 倡議主要便在關注 WhatsApp 裡運作的假消息。

由於 WhatsApp 是一個點對點平台，對個人或小團體的朋友和家人共享消息，因此 Verificado 採用的是小規模的社交方法進行事實查驗。他們建立了一個 WhatsApp 帳戶，一般個人可以向他們發送需要驗證的訊息。然後 Verificado 的研究人員會對他們查證訊息之後的結果單獨回

---

41 我應該注意到，雖然流行的私人聊天應用程式，會讓在這些應用程式上發現假訊息的操作變得更加困難，但這些應用程式仍然是研究人員必須注意的。這是因為我們同樣也關心通信的隱私，而點對點加密的訊息傳遞應用程式，在面對那些擁有政府背後的公權力的競選對手時，便是避免被對方監視的關鍵空間。截至 2018 年，來自 Open Whisper Systems 的 Signal，是所有安全研究人員、弱勢活動人士和科技記者們，最為推薦的加密通信應用程式。

應。這種個人接觸（也就是當他們收到相同消息的多個查詢時，必須經歷相當多的複製和貼上回答）對平台來説更為有機化，而且也讓用戶與 Verificado 的互動，更像他們在平台上與朋友家人互動的方式。

現在面對大選期間裡，涉及到數千個人的大規模協同假宣傳行動時，目前仍只能達成靠複製和貼上回答的規模。因此 Verificado 還在 WhatsApp 上，以促進廣泛共享甚至病毒式傳播的方式，製作他們審查揭秘的糾正訊息。他們也藉由收到私人提供的消息，每天多次更新他們的公開動態，以便在整個平台上共享這些更新的動態，看起來就像一般的推文或 Facebook 公開的動態消息一樣。

他們也創造了類似迷因的圖像，放上原先的假消息以及放在上面的「真實／錯誤」評估標記。如此便可促進用戶參與度，將他們的「真實／錯誤」評估與用戶原先心中的原始印象相互關聯，讓這樣的消息也變成病毒式的分享，而不只是簡單的文字訊息或網路文章的連結（不過他們在自己的網站上，也一樣會發佈長篇形式的假消息審查結果）[42]。

出於同樣的點對點傳播原因，我們也很難研究錯誤訊息和假訊息對 WhatsApp 的誤導和影響，因此很難量化 Verificado 2018 工作所達到的範圍和影響。不過大家都有共識，在一個高度複雜且充滿謠言的選舉週期裡，他們在訊息傳播領域產生了非常重要的正面影響，而且在個人化、病毒式傳播錯誤或假訊息問題方面，取得了比目前為止任何其他努

---

42 同註 39。

力都要更多的進展，他們甚至還因這項合作而獲得網路新聞獎（Online Journalism Award）**43**。

點對點的假訊息絕對不會消失，而且隨著用戶越來越關注社群媒體上的隱私、監控，以及具有針對性的廣告和騷擾方面，往往會在貼近自己的較小社群中，退回到私人的點對點通信軟體上。對許多人來說，社群媒體的蜜月期已經結束，這種偶爾公開的全球聯繫方式已經逐漸過氣。安全、防護和隱私是新的口號。在某些情況下，這意味著謠言和心理戰的曝光度降低。換個說法，就是指假訊息的威脅會變得更難以追蹤。這絕非是一個已經有辦法解決的問題，但像 Verificado 2018 這樣的例子，讓解決方案的希望出現了一線曙光，我們很可能已經有辦法從大家的袖子裡，合作變出一些解決問題的技巧。

▶ 本章總結

在本章裡，我們探討了南半球最近的網路假訊息操作。從拉丁美洲到北非一直到東南亞都有。我們也已經看到了如何藉由社群媒體平台來擴大謠言的方式，除了將仇恨言論作為煽動的主流，也把社群媒體當成心理戰的操作平台。在某些情況下，這種錯誤訊息和假訊息，不僅助長了網路上的政治運動和心理困擾，甚至還會加劇網路之外的身體暴力行為，煽起種族清洗和種族滅絕的火焰。

43「AJ + Español wins an Online Journalism Award for Verificado 2018（AJ + Español 以 Verificado 2018 贏得網路新聞獎）」，Al Jazeera，2018.09.18，https://network. aljazeera.com/pressroom/aj-español-winsonline-journalism-award-verificado-2018。

網路假訊息的問題，可能要比許多西方人認識到的更強大也更多樣化。不僅比「假新聞」的影響大，也比俄羅斯和美國的 alt-right 行動大，比 Bannons 和 Mercers（臉書個資洩漏事件）更大，比 Twitter 機器人更強大，甚至比整個社交網路平台更強大。只要有訊息傳送的世界，就會出現假訊息，這個星球上的任何社會都無法逃過這種影響。因此這是一個全球性的問題，也是由人類的技術所推動而非憑空創造出來的問題。在尋求解決問題的過程中，我們將會需要一個全球化的、人性化的技術解決方案。

總結

今後我們將何去何從？

▼

氾濫的訊息、人類認知的限制、過度的資料挖掘和演算法內容傳輸相互結合，使現代的我們很容易受到宣傳和假訊息的攻擊。這個問題不僅巨大，也是跨平台、跨社群的問題，其解決方案當然也是如此艱難。但我們（不論個人或社會）可以盡點努力來遏止假訊息的問題，保護我們的思想和社群，避免受到認知駭客的精密攻擊。

▶ 宣傳問題

在本書的進程中，我們完整探討了一系列讓我們容易受到假訊息、宣傳和認知駭入攻擊的問題。

其中有些運作是基於人類心理學。例如「確認偏見」會使我們傾向於認同與自己已經相信的內容一致的討論，並阻止我們關注那些與現有觀念不同的說法。在節奏快速且變化不斷的媒體環境中遇到大量訊息時，「注意力暫失」的情況會使我們難以保持自己的批判能力。「印象啟動」使我們容易受到重複訊息的影響，尤其是當我們難以意識到這些重複訊息時，便會因為反覆接觸同一個想法，而使我們的大腦在思考上選擇更容易處理的方式，從而相信了這個想法。

這些人類的特性，都是在演化歷史的基礎上發展起來的，也使得我們很容易形成偏見和刻板印象，讓這些偏見和刻板印象，無需任何數位技術的幫助，便可隨著時間推移而得到強化，甚至放大。

當然有些問題確實是技術所產生的問題。過度挖掘個人資料，結合「協同過濾」，使平台能夠透過鼓勵線上「參與」的媒體，來確實定位用戶，結果卻也同時加強了這種定位所導致的偏見。具有針對性的廣告，便可將收集的用戶數據（不論是否完全確定），拱手讓給那些用它們來鎖定受眾以獲取經濟或政治利益的人。

還有一些問題則是社會問題。數位技術所帶來的訊息數量和觸及人數的迅速增加，確實讓我們擺脫了多元化的無知情況，但面對在社群裡和社群之間的訊息傳遞的社會影響時，我們通常並未做好準備，這點主要是因為社會學家所謂過多的「薄弱聯繫（weak ties）」所造成。

當「訊息豐富、人類心理學、資料驅動的用戶分析和演算法推薦內容」相互結合時，其結果（亦即未經查證）對社群來說，可能就會是災難性的。在民主和言論自由（相對上）也是新概念的社群（國家）裡，情況似乎更為嚴重。

假訊息從根本上說是一個人類的共同問題。是的，技術本身發揮了作用，正如本書前面所聊過的，新技術「本質上」既不是好的也不是壞的，當然也不是中立的。每種新技術都有其自身的功能和侷限性，就像人類的思維一樣，會使某些問題比起其他問題更為嚴重。但總體來說，這種問題並沒有純粹的技術解決方案。因為假訊息是由某些人，根據人類認知和人類社會的基本特性（和侷限性），來針對某些人所產生的行為，因此解決方案必然也要靠「人」來完成。

當然，這並不意味著解決方案就會變得很簡單。技術上的突飛猛進，遠遠超過人類生物學的發展變化，而個人學會採用新技術的速度，絕對快於社群能夠適應它們的速度。立法者和監管機構更可能在這場遊戲裡大幅落後，因為今天在美國用來管理新技術的許多法規，都是在網際網路出現之前所制定[1]。也許最引人注目的是許多這類新社群技術的發明者，在見證到自己的發明竟然被用在邪惡的方面時，所產生的驚訝感受。

如果運用想像力催生出這些工具的發明家，都無法思慮周密的想到這些技術會被用在邪惡的情況，那麼用戶、社群和立法者怎麼可能有機會想到呢？！

1　在網路問世之前，美國主要的法律包括「電腦欺詐和濫用法」（1984 年）、「聯邦教育權利和隱私法」（1974 年）以及出於所有實際目的而制定的「健康保險可轉移和責任法案」（1996 年）。

解決方案可能並不簡單，我們也可能無法預測或阻止伴隨新技術而來的所有「反社會」使用方式，不過，我們當然可以採取某些措施來取得進展。

請思考一下第 3 章所提到的「偏見放大流程圖」。它主要是針對搜尋引擎進行調整，而且方法適用於為用戶提供演算法內容的大部分社群平台。在圖表裡的這些元素，每一個都代表了不良行為者可以利用或破解的東西，但這些元素同樣的，每個也都代表著我們這些尋求抵制假訊息的人，所能掌握的抵抗工具。

舉例來説，緬甸軍方操弄現有的社會陳規定型觀念，以煽動針對羅興亞人民的暴力行為，增加對軍隊的依賴，來維護年輕的準民主國家秩序。利用這種有關既有刻板定型觀念的訊息，他們所創造的媒體訊息會加劇現有的偏見，並鼓勵和擴大對暴力的呼籲。因此他們不僅直接建立媒體暴力，也擴大了現有的暴力呼籲，甚至還影響了為用戶的 Facebook 動態消息提供訊息的內容資料庫，建立許多鼓勵用戶參與支持暴力訊息的內容。因此，將這種內容和用戶活動歷史作為輸入模型的方式，便進一步放大在其推播中傳遞給用戶的偏向訊息，然後這種惡性循環又再度重複產生。

正如第 4 章和第 5 章中所探討的，「偏見放大」的類似週期循環，導致了美國政治「兩極分化」的增加。即使是 GamerGate 期間進行騷擾的那些肇事者，我們也認為裡面有許多人很可能是被這種方式激化，才參與了這場遊戲，並試圖在參與行動、受害者的反應或者只是簡單的想在「lulz」行動中贏過對方而已。由於最能激化情緒（尤其是憤怒）的內容，往往能引起最強烈的情緒反應，因此 GamerGate 的憎惡行動經常

會惡化，這點並不奇怪，因為參與 GamerGate 行動的這些人，試圖要「贏得」這場比賽。

用戶可以透過察覺到自己的個人偏見和社群偏見，並參與模式「輸入」較少問題的活動，來對抗這種惡性循環。我並不是說改用「好機器人」或把「Google 轟炸」（用大量網頁相互連結來提升搜尋結果）放上正面的、鼓舞人心的訊息。因為我堅信任何操縱行為，即使是善意的，最終也會產生比社會利益更多的社會危害。相反的，我的意思是讓每個人對現有個人和社群偏見充分了解，以做出有意識的選擇，抵制我們的「默認」及其所代表的「偏見」。

舉例來說，我有一位數位表達課的學生是一位有色人種的年輕女性，她知道當她為自己的部落格文章選擇視覺媒介時，便是在選擇「默認」的美國形象，亦即一個非常白人、男性的形象。因此她決定在未來的作品中，加入代表她自己人種的圖片。即使只是個人很小的努力，都能使媒體格局更符合我們社會實際存在的多樣性。

請大家記住，不論在人類心理或演算法上，預設都是傾向於加強現有的偏見。因此，透過在我們自己所建立的媒體內容和選擇觀看的內容裡，自發性的選擇「非預設」內容，並且有目的性的在參與的媒體中做出選擇，便能增加內容推薦所提供的內容，增加用戶活動的多樣性、準確性甚至公正性。

然而，個人解決系統問題的方案只到這裡為止。正如凱茜·歐尼爾（Cathy O'Neil，美國數學家）在她的《大數據的傲慢與偏見：一個「圈內數學家」對演算法霸權的警告與揭發》（Weapons of Math Destruction）一書中所說，用於瞄準受害者並促進不公正的相同數

據、模型和演算法，同樣可以用來「主動干預」以協助糾正不公正的操作[2]。活動人士、社群平台和監管機構，都可以使用用戶活動數據和內容資料庫，識別出社會偏見，甚至找出無意識的系統性偏見，並使用這些內容來觸發「輸入資料」的變化，甚至造成「輸入模型」本身的改變。

這些變化可以抵消技術自然產生的偏差放大，甚至可能抵消社會中存在的刻板偏見。這些刻板偏見就像是對 Google 所做「大屠殺發生了嗎？」修改搜尋結果的問題，以及我們在第 3 章討論過的搜尋「黑人女孩」圖片時，搜尋結果所產生的剝削性圖片。

當然這種糾正社會不公正的公司或政府採用的方法，很快就會引來審查制裁的言論。因為干預內容和演算法建議，只是帶來編寫程式人員的偏見，犧牲掉用戶的言論自由，並使社群平台成為真實和自由表達偏見的背後仲裁者。這真的是一個非常現實的問題，尤其是看到平台試圖調節內容時，所遇上的失敗情況。但如果我們開始認知到內容推薦引擎，確實會默認並放大現有的社會偏見，而偏見被放大這件事本身，便會限制某些社群的言論自由（有時甚至是限制了求生的自由）。因此，這點可以為我們提供一個思考的框架，考慮如何調整演算法和政策，以尊重所有人的生命權、人身自由權和言論自由權。同樣的，這也不是一個必須解決的簡單問題，但完全不作為就會使情況變得更糟（從目前的資料來看確實如此），日常生活依賴到這些技術時，我們都必須不斷的重新思考並加以重新運用。

2　Cathy O'Neil，《Weapons of Math Destruction: How Big Data Increases Inequality and Threatens Democracy》（大數據的傲慢與偏見：一個「圈內數學家」對演算法霸權的警告與揭發），New York: Broadway Books，2017，第 118 頁。

以 2016 年俄羅斯的活動為例。跟緬甸軍方相比，俄羅斯的大部分活動均始於在社群裡建構的行動。他們分享的訊息在很多情況下都是無害的，或至少只是典型的群體內的情感表達而已。因此他們可以藉此建立大型的社群，讓這些對耶穌、退伍軍人、種族平等、德州或環境議題分別的「Like（按讚）」（在現實世界和 Facebook 的意義上）。一旦用戶喜歡該網頁、追蹤帳號或定期參與由 IRA「專家」建立的貼文時，更加尖銳的攻擊和更多的兩極化消息，通常就會在此出現。其結果便像是集體的「媒體幻象」，在某種意義上更像是一種「社群幻象」。

於是這些用戶的活動歷史便會告訴內容推薦模型，讓演算法為他們提供來自 IRA 控制的帳號，或者說代表著和克里姆林宮本意相近觀點的、幾乎不成比例的大量內容。然後隨著選舉逼近，不僅讓 IRA 可以操控最激烈的親川普、反希拉蕊‧柯林頓和投票抑制等訊息的現成觀眾，也意味著參與 IRA 內容的用戶，也都認為自己更有可能看到代表真實美國人想法的內容。無論這些追蹤帳號所持有的觀點多麼真實和個人，其實都是符合克里姆林宮本身利益的訊息。透過提早強化現有的社會偏見和個人利益，IRA 便能「駭入」社群平台的內容模型，讓用戶最可能看到這些與克里姆林宮意見相近的訊息，甚至連訊息來源都是合法的。

在這種情況下，作為操縱行為的假訊息與作為欺騙的假訊息之間的差異，便可無縫融合在一起。透過研究以及將現有的社會偏見武器化後，IRA 便能運用那些真實信念來操縱不知情的美國人，採取他們可能會或可能不會採取的行動。而且無論看到的貼文和迷因是否屬實，都會如此深信不疑。

不管多少個別的事實檢查，都無法解決這個問題，因為這是一個只能透過大規模數據分析，才能看到和解決的行為問題，不但跨社群、跨平台，也長期存在著。但是，如果平台、政府和（或）第三方研究人員進行大規模分析，並且因為這種協同性的、無形的、操縱的行為而暫停這些帳號，那麼那些更複雜的國家行為者，就會失去許多可以用來在背後操縱社群，呼風喚雨的最佳工具。在這種過程裡，我們便可重新獲得社群訊息空間的完整性。

然而這種完整性並不容易獲得，尤其是當我們面臨來自軍方或國家，贊助私人公司等複雜行為者的影響力行動的情況。正如俄羅斯的行動所呈現的一樣，假訊息是國際性的、跨平台的，並且讓真實和虛假的訊息都能被武器化。因此，沒有任何一方實體能夠擁有解決問題的所有必要數據或專業知識。

社群平台並沒有彼此的數據，也不可能擁有情報單位或執法機構所持有的數據。他們也沒有情報機構、大學和非營利組織智囊團擁有的文化或語言專家。而政府沒有社群平台的數據，只能透過某些法律環境下得到部分數據，更何況政府裡面也很少具有大型社群平台資訊工程經驗的人員。雖然第三方研究人員有時可能會在不同領域裡，擁有更健全的專家組合，但他們對平台數據的直接取用權限也比較少。就像美國政府在911襲擊事件後得到的結論：訊息共享和各種專業領域的協同利用，才會是解決最複雜的假訊息宣傳活動的關鍵。鑑於西方政府在監督自己公民時所面臨的法律限制，以及科技公司之間的競爭關係，因此我們可能需要精心組織的公私合作夥伴關係，才有機會解決全球社會越來越迫切的假訊息防禦需求。

▶ 那我該怎麼辦呢？

很明顯的，假訊息是一個需要大規模解決方案的大規模問題。社群平台、政府和研究人員都必須盡自己的力量，共同應付這個發展快速的問題。那麼，個人可以為此做點什麼嗎？

我們已經提供了一些解決的方法，例如個人可以藉由在我們喜歡的平台上看到內容所做的輸入，改變大數據演算法用來確定我們的內容。正確認識你所看到的消息、參與的討論、分享的內容以及建立的貼文等，這些做法在對抗「假新聞」或對抗社會偏見和偏差訊息擴大的方面，都是不可或缺的一環。

同樣的，我們也可以針對各種演算法造訪有關我們的資料時，加以限制。例如不要只在網路上觀看訊息、使用不同的電子郵件註冊不同的服務、使用不同的瀏覽器所提供的各項服務，甚至有時支付現金以及避免會員獎勵計畫等。也就是將個人資料分別保留在不同的小資料群中，而非許多平台可以造訪的大數據堆裡。其結果可能是你會看到跟自己不太相關的廣告（這真的算問題嗎？！），但也可以讓設計用來操縱訊息的超級定位漸漸失效。

不過總結來說，某些網路激進主義和集體政治行動都是必要的。當選的領導者、監管者和平台主管們都必須共同參與解決「宣傳」的問題，而若要他們這麼做，就必須在選舉、法律和財務方面受到實質的激勵。但要能實現這一點，就不只需要政府和企業共同努力，我們所有人也都要共同努力才行。

民主取決於訊息的自由流動，既可用來為所有人提供訊息，也提供說服他們的機會。如果我們不能相信所見訊息的完整性，就無法信任民主的過程。

容我重複使用在第 6 章裡，曾經引用過 Zeynep Tufekci 的一段話：「技術改變了我們保存和傳播思想與故事的能力、我們聯繫和交談的方式，我們可以與之互動的人，以及我們可以看到的事物，並改變了可以監督聯繫方式的權力結構。」[3]。

技術改變了權力結構，不一定就是壞事（還記得佛格森事件嗎？），也不一定會是好事（記得玩家門事件嗎？），但這件事絕對不是中性的。因此我們有責任透過各種方式來發明、實施和控制技術，從而實現我們對「希望世界可以如何發展」的願景。

我們太常被動、隨波逐流，讓技術的可適應性（以及更有動力、更道德敗壞的行動者），操縱並決定了我們正在建設的未來。如果我們想要在宇宙裡留下正面的足跡，我們就需要有正念、慎重和協同努力，因為我們已經進入了歷史的新章節。雖然假訊息的問題可能不會立刻消失，但這點絕不會成為阻礙，只要我們能夠一起努力減少假訊息的影響，並且利用新技術的力量加以克服。

---

3 Zeynep Tufekci，《Twitter and Tear Gas: The Power and Fragility of Networked Protest》（Twitter 和催淚瓦斯：網絡抗議的力量和脆弱性），New Haven: Yale University Press，2017，第 5 頁。

誰在帶風向、玩精準行銷｜認知駭客如何玩弄大數據

作　　者：Kris Shaffer
譯　　者：吳國慶
企劃編輯：莊吳行世
文字編輯：江雅鈴
設計裝幀：張寶莉
發 行 人：廖文良

發 行 所：碁峰資訊股份有限公司
地　　址：台北市南港區三重路 66 號 7 樓之 6
電　　話：(02)2788-2408
傳　　真：(02)8192-4433
網　　站：www.gotop.com.tw
書　　號：ACD019900
版　　次：2020 年 05 月初版
建議售價：NT$380

國家圖書館出版品預行編目資料

誰在帶風向、玩精準行銷：認知駭客如何玩弄大數據 / Kris Shaffer
原著；吳國慶譯. -- 初版. -- 臺北市：碁峰資訊, 2020.05
　　面； 公分
　　譯自：Data versus Democracy
　　ISBN 978-986-502-448-2(平裝)
　　1.資訊社會　2.網路社會
541.415　　　　　　　　　　　　　　　　　　　109002677

讀者服務

● 感謝您購買碁峰圖書，如果您
　對本書的內容或表達上有不清
　楚的地方或其他建議，請至碁
　峰網站：「聯絡我們」\「圖書問
　題」留下您所購買之書籍及問
　題。(請註明購買書籍之書號及
　書名，以及問題頁數，以便能
　儘快為您處理)
　http://www.gotop.com.tw

● 售後服務僅限書籍本身內容，
　若是軟、硬體問題，請您直接
　與軟體廠商聯絡。

● 若於購買書籍後發現有破損、
　缺頁、裝訂錯誤之問題，請直
　接將書寄回更換，並註明您的
　姓名、連絡電話及地址，將有
　專人與您連絡補寄商品。